잘 사게 만드는 7가지 마케팅 기술

후발주자가 매출을 올릴 수 있는 방법

잘 사게 만드는
7가지 마케팅 기술

박진환 지음

매일경제신문사

프 롤 로 그

제약회사에 몸을 담은 지 햇수로 13년이라는 시간이 흘렀고, 나는 현재까지도 마케팅 부서에서 근무하고 있다. 제약회사라는 울타리 안에서 몇 번의 이직이 있었고, 그사이 많은 마케터들을 만나게 되었다. 저마다 정의하는 마케팅의 의미는 달랐지만, 자신들이 담당하고 있는 의약품 브랜드의 성장과 시장에서의 우위를 점하기 위해 많은 노력을 기울여왔다.

그러나 지난 10년 사이 많은 것이 변했다. 건강기능식품 시장은 일반의약품의 자리를 위협할 정도로 성장했으며, 온라인의 발전은 광고매체의 중심을 TV에서 모바일로 이동시켰다. 거래처의 많은 약사들도 온라인 스토어를 개설해 판로를 확대하거나, 유튜브 영상을 통해 퍼스널 브랜딩을 활발히 진행하고 있다.

문득 이런 생각이 들었다. '마케팅을 잘한다는 것은 무엇일까? 회사의 많은 예산과 인력을 등에 업고, 발생하는 판매고만 높으면 과연 훌륭한 마케터일까? 만약 약국이나 회사의 범주에서 벗어나게 된다면, 나는 그때에도 마케터로 불릴 수 있는 능력이 남아 있을까?' 항상 이것에 대한 해답을 찾고 싶었다.

2년 전 어느 날, 아내는 내게 온라인 창업을 하겠다고 선언했다. 어떤 제품을 판매할지는 결정을 못 했으니, 내게 상품을 기획하는 일만 도와달라고 했다. 나는 아내의 스토어를 위해 건강기능식품 OEM 제작이라는 과감한 시도를 하게 되었고, 처절한 시행착오 끝에 수익이 발생하는 시스템으로 만들어주었다.

약국을 대상으로 진행하던 의약품 마케팅과 온라인 사업에서의 마케팅은 기술적으로 매우 큰 차이가 있었다. 그러나 마케팅의 본질적인 측면에서는 모두 같다고 생각한다. 그래서 내가 생각하는 마케팅의 본질적인 가치와 나의 브랜드가 시장에서 자리를 잡기까지의 과정을 책으로 남기고 싶었다.

이 책은 제약회사와 아내의 스토어에서 실제로 진행했던 마케팅의 경험과 생각을 근거로 썼다. 책에 담긴 내용은 마케터를 꿈꾸는 취업준비생이나 온라인 사업을 계획하고 있는 예비창업주들에게 적합하다고 생각한다. 나는 광고대행사가 아니다. 그래서 온라인에서 광고를 설정하는 방법이나 상위 노출의 기술과 같은 내용은 담지 않았다. 그리고 시중에 널린 원론적 내용이나 글로벌 기업의 성공 사례도 남발하지 않았다. 오로지 나와 내 주변에서 일어났던 경험만이 여러분의 식견을 넓히고 업무에 적용시키는 데 도움이 될 것이라 믿기 때문이다.

나의 경험을 공유할 수 있도록 도와주신 많은 분께 감사를 드린다. 먼저 나를 낳아주시고 끝까지 사랑해주시는 부모님께 감사를 드린다. 그리고 책을 집필하기까지 엄청난 노하우와 동기부여를 선사해주신 '한국책쓰기강사양성협회' 김태광 대표님, '위닝북스' 권동희 대표님께 감사를 드린다. 이분들이 아니었으면 책을 쓴다는 것은 상상도 못 했을 것이다. 또한, 나의 마케팅 활동에 항상 큰 도움을 주시는 한국코와주식회사 장성찬 팀장님, 대원제약 김선홍 팀장님께도 감사를 표한다. 마지막으로 늘 고생하면서도 나를 먼저 생각해주는 아내와 언제나 힘이 되어주고 싶은 예쁜 두 딸에게 감사와 사랑을 전한다.

박진환

목　차

MARKETING

1장

왜 내 제품만
안 팔릴까?

MARKETING

나는 잘 팔릴 거라고 생각했다

나에게 제품을 공급해주시겠다는 분을 찾게 되었다. 기쁜 마음으로 네이버 스마트 스토어에 등록했다. 네이버에서 상품에 대해 기재하라는 내용을 꼼꼼하게 모두 작성했다. 업체에서 제공받은 상품 이미지도 최대한 많이 등록했다. 들뜬 마음으로 완료하고 '저장하기' 버튼을 눌렀다. 그러고는 판매를 개시했다. 내용을 부실하게 등록한 다른 판매자와는 차원이 다르다고 생각했다. 나는 내가 올린 상품이 정말 잘 팔릴 거라고 생각했다. 하지만 나의 기대는 이틀 만에 불안감으로 변했다. 그리고 사흘이 지나면서부터는 절망으로 바뀌었다.

2년 전의 일이다. 아내는 한 유명 유튜버의 콘텐츠를 보고, 자신도 온라인 쇼핑몰을 운영해보고 싶다고 했다. 직접 제품을 사들이지 않는, 위탁판매 형식의 무자본 온라인 창업이었다. 콘텐츠 영상의 조회 수는 100만 건에 가까웠고, 유사한 내용의 콘텐츠들이 빠른 속도로 업로드되었다. 무자본으로 수익을 창출할 수 있다니! 왜 이렇게 좋은 것을 몰랐을까? 당장 시작하지 않으면 바보가 될 것 같은 기분이었다.

아내는 나에게 '자신은 어떤 제품을 팔아야 할지 잘 모르겠으니 제품 선정과 온라인 마켓 세팅까지만 해주었으면 좋겠다'라고 제안을 하며, 이후의 주문과 발주 업무 관리는 본인이 하겠다고 말했다. 의욕이 가득한 제안인 만큼 나는 응하기로 했다.

나는 제약회사의 의약품 마케팅 PM(Product Manager) 출신이다. 부서명이 '마케팅'으로 되어 있어서 아내는 나의 활약을 매우 기대하는 것 같았다. 나는 그동안 약국과 약사 대상으로만 마케팅 전략을 펼쳐왔다. 그 때문에 '온라인 판매' 일은 해본 적이 없었다(참고로 국내 약사법상 의약품의 온라인 유통은 불법이다). 그럼에도 불구하고 자존심 때문에 못 하겠다고 말할 수는 없었다. 그리고 대망의 첫 번째 등록 제품은 서론에서 밝혔듯 처참하게 무너졌다.

스마트폰과 모바일 산업의 발전으로 사람들의 쇼핑 행태는 점점 더 온라인으로 이동하는 추세다. 또한, PAY 산업의 등장으로 결제마저 편리해져 온라인 쇼핑 이용 고객은 비약적으로 증가하고 있다. 구매자가 많은 만큼 판매자 또한 많아졌다. 이후, '무자본 위탁 판매'의 영상 콘텐츠가 히트 치면서 너도나도 '할 수 있다'라고 생각하게 되었다. 수많은 직장인과 주부, 대학생들이 이 판에 끼어들었으리라 생각한다.

네이버 자료에 따르면, 2019년도 신규 스마트 스토어 개설 수는 7만 건, 그러다 2020년도에는 12만 건으로 늘어났다. 이 외에도 자사몰, 쿠팡, 11번가와 같은 다른 마켓들 역시 신규 판매자가 급증했다. 덩달아 거래액도 늘어났다. 통계청 자료에 따르면, 2020년도 온라인 쇼핑몰 거래액은 161조 원을 넘겼다. 통계 작성 이후 가장 높은 수치라고 한다.

이는 코로나19 사태로 인해 마스크와 손 소독제 등의 위생용품 거래가 폭발적으로 증가한 탓도 있다. '집콕', '확찐자' 등의 새로운 키워드가 등장하며 홈트레이닝 관련 제품의 거래량도 증가했다. 트렌드에 따라 새로운 상품과 판매자들이 매일같이 시장에 쏟아져 나왔다.

온라인 시장 속에서의 경쟁은 더욱 치열해졌다. 아내와 나는 이 시기에 겁도 없이 온라인 시장에 발을 내디뎠다. 온라인 시장의 상황과 특수성은 고려하지도, 생각하지도 않았다. 무자본으로 시작할 수 있다는 달콤한 말에 그저 기회라고만 착각했다. 아내에게 엄청난 사업구조를 구축해 선물해주는 멋진 엘리트 남편이 될 것만 같았다. 유튜브의 무자본 창업에 대한 영상들을 보며 열심히 공부했다. 이대로만 따라 하면, 무엇이든 다 잘 팔 수 있을 거라고 생각했다.

하지만 첫 번째로 스마트 스토어에 등록한 상품은 네이버에서 검색조차 하기 힘들었다. 내가 힘들게 등록한 제품은 이미 수많은 판매자가 먼저 등록해 판매 중이었다. 상품 사진과 제품명 모두 동일하게 말이다. 내 제품은 네이버 쇼핑 카테고리 10페이지 하단부에 놓여 있었다. 그것도 판매 개시 후 3일 만에 발견한 것이다. 절망과 자괴감이 몰려왔다.

'시작이 반'은 대체 누가 한 말일까? 온라인 시장에는 도무지 적용되지 않는 것 같았다. 수익률? 팔리기는커녕 소비자가 내 제품을 찾을 수도 없었다. 이름과 얼굴까지 똑같은 그 상품들은 검색 1페이지 상단에 위치한 몇몇 판매자들에게만 수익을 가져다주고 있었다. 나보다 뒤에 놓인 판매자들은 얼마나 답답할까, 측은한 마음이 들 정도였다.

상황이 이러다 보니 후발주자들의 반란이 일어나기 시작했다. 공급자가 2만 원으로 가이드라인을 설정한 권장 판매가를 거부하고, 1만 9,000원에 판매하는 스토어가 나타났다. 그리고 그 스토어에 "저렴해서 좋았어요"라는 리뷰가 달렸다. 이에 불안해진 다른 판매자들은 너도나도 할 것 없이 할인을 시작했다. 1,000원으로 시작한 할인은 금세 1만 원 초반의 시장 가격을 형성했다. 간이 사업자가 아니라면 분명 마이너스가 되는 수익 구조다. 말도 안 되는 이 치킨게임에, 판매자들은 거부할 겨를 없이 뛰어들었다. 판매는커녕 하나의 브랜드가 몰락해가는 과정을 나는 지켜보고만 있었다.

당황스러웠다. 회사에서 마케터로 일하면서 수많은 경쟁품과 경쟁해왔다. 약국이라는 특수한 환경 속에서, 약사님들이 어느 회사의 약을 소비자에게 추천하도록 유도하느냐의 학술적인 싸움이었다. 조금이라도 더 소비자의 눈에 띄고 신뢰감을 주도록 TV와 신문광고를 게재하거나 약국 내부의 진열대, 포스터 전시를 강화했다. 이를 위해 회사에서는 나에게 마케팅 예산을 편성해주었고, 나는 고정 고객이 위치한 오프라인에 전략을 집중해왔다.

그러다 보니 온라인 사업은 나에게 명확히 다르게 느껴졌다. 몸이 아플 때 믿고 상담할 수 있는 약사가 있는 것도 아니고, 집 근처 약국처럼 몇 발자국만 가면 찾을 수 있는 곳도 아니었다. 내가 판매하는 제품은 의약품도 아니었으며, 예산도 주어지지 않는 무자본 사업이었다.

상황을 극복하기 위해 나는 많은 공부를 했다. 유튜브에는 "상위 노출, 이것만 알면 된다", "온라인 판매, 이거 하나로 월 1억 원 매출" 등등의 섬네일이 많다. 창업에 관심 있으신 분들이라면 한 번쯤은 보았으리라. 물론, 도움을 많이 받으신 분들도 있을 것이다. 그러나 나는 1~2가지의 시스템을 활용한 기술적 방법만으로는 극복이 어렵다고 판단했다. 변화가 빨라 지속하기도 힘들었다.

결국, 나는 마케팅의 기본 원리로 되돌아갔다. 유튜브 검색 결과를 뒤덮고 있는 '상위 노출', 'CPC 광고' 같은 개념이 아니었다. 가장 기본이 되는 '상품'부터 다시 원론적인 측면에서 분석하고 접근하기로 했다. 물론, 여기에는 상품 선택을 위한 '수요와 시장' 조사도 포함되었다. 그리고 나는 과감하게 자금을 투자했다.

'잘 팔리겠지'라는 생각을 버리고, '잘 사도록' 유입에서부터 판매 이후까지 과정마다 마케팅 전략을 새로 수립했다. 결과부터 말하자면, 나는 아내에게 수익이 나는 사업구조를 선물했다. 아직 월 매출은 4,000만 원 수준이다. 하지만 위탁판매를 할 때보다 이익률은 훨씬 나아졌다. 가계수입이 증대하니 삶은 더 윤택해졌고, 더 높은 단계를 위한 투자가 가능해졌다. 그리고 스토어는 현재까지도 계속 발전하고 있다. 선물 과제는 끝냈으니, 현재까지의 경험을 책으로 공유하고자 한다.

대단한 상품이나 스킬을 찾자는 것이 아니다. 전체적인 구조에 사람들이 편하게 들어와 내 제품을 선택할 수 있도록 만들어야 한다. 많은 판매자가 이 부분을 간과한다. 구조가 약하니 가격 할인과 CPC 광고에만 의존하려 든다. 마케팅은 반드시 전체적인 구조로 수립해야 한다.

이 책에서는 마케팅 이론과 전략에 대해 최대한 나의 경험을 사례로 들어 설명할 것이다. 개인 사업자분들에게 '나이키', '애플'과 같은 글로벌 기업의 성공사례는 큰 의미가 없다고 생각한다. 또한, 나는 광고대행사 대표나 직원이 아니다. 오히려 '광고주' 회사의 마케터 입장이다. 그 때문에, '제가 알려준 대로 광고하니 A기업 매출이 500% 올랐습니다!' 같은 사례도 없다.

독자 중에는 나의 실패사례가 귀엽게 느껴지거나, 본인의 추억을 생각하게 되는 분들도 많을 것이다. 그러나 아직도 위탁판매에서 매출이 안 나와 힘들어하는 사람들, 창업을 고민하는 사람들이 더 많을 것이라고 생각한다. 아직도 온라인 사업을 부업으로 가볍게 여기는 사람이 있다면 이 책을 꼭 정독하길 바란다.

고객은 왜 내 제품을 사지 않았을까?

스마트 스토어에 첫 번째로 등록한 제품이 일주일째 반응이 없었다. 나는 '이 제품은 안 되는구나'라고 생각했다. 그러면서 트렌드 분석 사이트에서 요즘 인기가 있다는 제품을 찾아보았다. 운이 좋게도 그 상품들을 위탁공급받게 되었다. '이번에는 다를 거야!' 하며 5가지 제품을 동시에 업로드했다. 그러나 효과가 없었다. 단 한 개의 제품만이 4페이지 중간에 위치되었다. 그것이 위안이라면 위안거리였다.

검색량이 높은 키워드로 CPC 광고도 시도해보았다. 소비자가 한 번 클릭할 때마다 돈이 빠져나가는 구조였다. 광고금액은 입찰 방식으로, 높은 금액을 설정한 판매자순으로 노출되었다. 과감하게

1클릭당 500원을 설정해보았다. 한숨이 나왔다. 클릭 한 번에 500원이 빠져나간다니! 마진도 작은 제품이라 마음이 무거웠다.

그런데 광고를 해도 컴퓨터 화면에 제품이 보이지 않았다. 오기와 궁금증에 입찰 단가를 계속 올려보았다. 1클릭당 1,200원이 되어서야 비로소 제품이 상단에 보이기 시작했다. '정말 이렇게까지 해서 판매해야 하나?' 하는 자괴감이 들었다. 그러나 기대하고 있을 아내를 실망시킬 수 없었다. '그래! 초반에 손실을 보더라도 판매가 되는 게 중요해! 충성고객을 만들면 되잖아?' 하며 입찰 단가를 높였다. 나의 상품은 클릭당 1,400원이 되자 1페이지 세 번째 자리에 당당히 위치했다.

하지만 빠져나가는 돈을 생각하며 나는 안절부절 어쩔 줄 몰랐다. 그래도 얼마간이라도 기다려보기로 했다. 5시간이 지난 후, 광고센터에 접속해보았다. 약 30명이 클릭했다고 나왔다. 그런데 구매로 전환된 건은 0이었다. 피 같은 내 돈 4만 원만 훌쩍 날아가버린 것이다. 화가 난 나는 광고를 꺼버렸다.

지금 생각해보아도 참 가슴 아픈 기억이다. 왜 그 30명은 내 제품을 사지 않았을까? 사실 광고 유입 고객 말고도 검색을 통해 유입된 고객들도 있었다. 그러나 아무도 구매하지는 않았다. 유입 고객 수가 매우 적었던 과거 사례를 극단적으로 들기는 했지만, 한 건의 구매도 발생하지 않은 것은 분명 문제가 있었다.

가장 큰 원인은 상품이었다. 위탁으로 판매하는 내 상품은 이미 다른 판매자들이 똑같은 이미지와 가격으로 판매 중이었다. 얼마든지 신규 판매자가 진입할 수 있는 상품이었다. 만약 20명이 동일한 제품을 동일한 내용으로 판매한다고 가정해보자. 그러면 소비자는 100원이라도 저렴하거나, 사은품을 주는 곳으로 이동하게 되어 있다. 가격 이외에는 아무런 경쟁력이 없는 것이다.

게다가 판매 상품이 정말 내가 원해서 판매하는 제품이었을까? 냉정하게 이야기하면 아니었다. 예를 들어, 여름철 미니선풍기가 인기 있다고 확인되었다 치자. 그러면 어떤 브랜드의 선풍기가 인기 있는지, 시장성이 있는 디자인과 성능, 가격은 어떤지 파악하고 그에 맞는 제품을 구해서 판매했어야 했다.

그러나 무자본 위탁판매자가 그런 상품을 구하기는 쉽지 않다. 공급자가 재고 처리를 위해 "미니선풍기를 위탁으로 판매하게 해드립니다"라고 이야기하면, 그저 감사한 마음으로 제품을 공급받을 뿐이었다. 내가 정말로 원했던 상품이 아닌데, 고객인들 돈을 주고 그 제품을 구매하겠는가?

위탁판매 제품은 생각 이상으로 마진이 작다. 다른 판매자들의 할인 경쟁이 치열해서 나 혼자 판매가를 높일 수 있는 명분도 없고 용기도 없다. 공급자가 가이드한 판매가를 지키는 것도 힘들다. 갈수록 마진이 작아지니 광고를 진행해 고객을 유입시키기도 어려운 상황이다.

결론적으로 나의 상품에는 특별함이 없었다. 그에 비해 고객은 똑똑하고 경험이 많았다. 그들은 원하는 상품을 찾기 위해 검색 시, 필터까지 활용할 줄 아는 사람들이다. 고객 기준에 가장 멋져 보이고 합리적인 가격에 리뷰가 많아 안심되는 제품에 지갑을 연다.

내가 고객의 입장이라고 냉정히 생각해보자. 그리고 내가 등록한 상품을 모바일로 확인해보자. 최근의 구매 행태는 모바일과 컴퓨터 기준 80 대 20 비율로, 모바일이 높다. 그 때문에 모바일 기준에서 확인해야 한다. 분명 컴퓨터로 상품을 등록했을지라도 모바일로 보면 확연히 다르게 느껴진다. 어떤가? 잘 보이는가? 눈이 침침하신 어르신들이 보아도 어렵지 않을 만큼 글씨는 크고 보기 편한가?

공급자들이 만들어서 보내준 상세페이지의 상당수는, 판매자 중심의 메시지가 강하다. '우리 미니선풍기의 특장점 5가지!'라고 소개하며 '이것도 좋고 저것도 좋다'라는 말뿐이다. 그것도 어려운 용어까지 써가며 텍스트를 길게 늘어놓는다. 글씨도 매우 작게 쓰여 있다. 이는 컴퓨터 기준으로 말한 것이다. 이것을 다시 모바일로 보면 쳐다보기가 싫을 정도다.

소비자들은 제품을 구매하기 전에 '어떤 사용가치를 느낄 수 있을 것인가?'를 제일 궁금해한다. 숨 막힐 듯 더운 여름날, '이 선풍기가 뜨거운 열기와 땀을 시원하게 날려주는가? 내가 쾌적하게 야외활동을 하게 해주는가?' 하는 가치 말이다. 출처도 모를 '브랜드 대상 수상'보다 위와 같은 '공감'의 내용이 우선 눈에 들어오도록 해야 할 것이다. '요즘 너무 뜨거워 힘드시죠? 뜨거운 숨을 내쉬는 것도 힘들고, 목과 팔뚝에도 땀이 나서 너무 불쾌한 요즘입니다'와 같이 누구나 공감할 수 있는 이야기 말이다. 이 부분에서 공감을 얻지 못하면, 고객은 이탈한다.

이후부터는 '저희만의 특별한 바람으로 고민을 해결할 수 있습니다. 천천히 아래를 보시죠'라는 느낌으로 고객을 유도한다. 그리고 이미 우리 제품을 사용해본 고객들의 리뷰 평가를 올려 신뢰도를 높인다. 이후부터 우리 제품의 USP(Unique Selling Point, 고유 강점)를 자세하게 알려주면 된다. 사은품이나 할인행사를 하고 있다면, 최하단에 소개하면 된다. 고객이 이탈하지 않고 흥미를 느낄 수 있도록 단계별 순서에 신경을 써야 한다.

상품이 팔리지 않는 첫 번째 이유는 '상품'에 있다는 것을 명심하라. 당장 내 상품을 바꿀 수 없다면, 직접 상품 섬네일과 상세페이지 이미지를 바꿔보라. 직접 촬영해도 좋고, 디자이너에게 맡겨보아도 좋다. 포토샵에 익숙하지 않은 판매자라면 망고보드나 미리캔버스를 활용해보라. 손쉽게 작업이 가능하며 디자인 완성도도 높아진다.

직접 이미지를 제작하라는 것은 '예쁘게 만들라'는 말이 아니다. 공급자가 상세페이지에서 제시하지 못한 내용이나 복잡한 내용을 보완하는 데 초점을 맞추어야 한다는 뜻이다. 전문성이 떨어져도 상관없다. 소비자를 이해시킬 수 있는 쉬운 언어로 표현하는 게 더 중요하다. 조정이 끝나면 반드시 모바일로 내용이 잘 보이는지 확인해야 한다. 그림이나 단락 간의 간격이 너무 촘촘해서 보기 숨 막히지는 않는지도 확인해야 한다.

참고로 건강기능식품이나 의료기기와 같이 '사전광고심의'를 거쳐야 하는 특수 제품군들은 이미지를 함부로 바꾸어서는 안 된다. 심의받은 내용을 마음대로 변경하면 법적 처벌로 이어질 수 있기 때문이다. 이러한 예외품목은 조심해야 한다. 내가 판매하는 제품이 다른 상품군이라면 직접 이미지를 바꿔보라.

가격이나 리뷰 등 고려해야 할 사항은 너무나도 많다. 그러나 우리는 가장 기본이 되는 '상품'부터가 개운하지 않다. 그래도 상품을 바꿀 수 없다면 상품 소개와 표현 방법부터 개선해야 한다. 지속적으로 유입과 구매 전환율을 확인하고, 상품 이미지와 순서를 변경해야 한다. 내가 만든 이미지를 주변 지인들로부터 피드백을 받아보는 것도 좋은 방법이다. 정답은 없다. 한 번에 완벽할 수도 없다. 고객이 만족할 때까지 계속해서 상품페이지를 발전시켜나가야 한다.

광고와 상위 노출로 유입을 늘리는 일은 그다음 일이다. 상품을 소싱할 때는 단순히 검색량이 어느 정도인지만 파악해서는 안 된다. '소비자들이 그 제품에서 얻고자 하는 것이 무엇인가?', '그 제품군의 어떤 기능이나 심미적인 포인트를 좋아하는가?', '어떤 고객층이 주로 사용하는가?' 등을 파악해 상품 소개의 서두에 담는 연습을 해야 한다. 이러한 훈련은 우리가 직접 제품을 제작할 때 큰 바탕과 힘이 된다는 것을 명심하라.

당신의 마케팅이 벽에 부딪히는 이유

내가 생각해도 괜찮은 상품을 구했다. 직접 사진도 찍고 상세페이지도 만들었다. 주변 지인들의 반응도 나쁘지 않았다. 그리고 나를 위해 한두 개씩 구매해준 고마운 친구들도 있었다. 그분들은 리뷰도 정성스럽게 달아주었다. 준비는 완벽하다고 생각했다. 그러자 자신감이 차올랐다.

이렇게나 좋은 나의 상품을 최대한 많은 사람에게 알려야 한다고 생각했다. 과연 어디에 광고하면 좋을지 상상했다. '요즘 인스타그램에 사람들이 광고 많이 하던데? 저런 광고는 나도 할 수 있을 것 같아! 이런 상품은 유명한 유튜버에게 협찬하면 입소문이 쫙 퍼질 텐데! 네이버에 이런 배너광고를 하는 게 과연 효과가 있기는 할까? 저런 택시광고는 비용이 얼마나 들까?'

여러분도 아마 이러한 상상을 한번은 해보았으리라 생각한다. 나는 회사 임원들에게서 저런 소리를 매일같이 들어왔다. '그 제품 말이야. 이런 곳에 광고 쫙 뿌리면 대박 날 것 같지 않아?' 하며 방향성을 제시해주는 듯한 조언 말이다. 회사생활을 하는 입장이기에 늘 감사하다고 말은 전했다.

우리는 하루에 최소 5,000개 이상의 광고에 노출된다. 나만 해도 모바일로 게임을 하거나 SNS, 뉴스, 유튜브를 볼 때 수많은 광고를 접하게 된다. 그중에서도 유독 자주 보이는 광고가 있다. 그러면 여러분은 자연스럽게 착각하게 된다. '어? 여기에 광고하면 이렇게나 자주 보이네? 여기가 저렴하고 좋을 것 같아!' 그리고 매체의 단가와 비용을 알게 된 후 좌절한다. 여기저기 광고 매체별로 비용이 만만하지 않다는 것을 깨닫게 된다. 시작도 하기 전에 여러분의 마케팅은 벽에 부딪힌다.

여러분의 상품은 어떠한 연령과 성향의 고객이 타깃인지 명확히 이야기할 수 있는가? 그리고 그 타깃에 최적화된 광고매체는 어디인지 알고 있는가? 또한, 그 매체에 사용할 월 또는 일 광고비 예산은 책정되어 있는가? 광고를 통해 기대하는 매출은 설정되어 있는가? 만약 이 글을 읽는 동안 답변이 툭툭 나오지 못했다면, 여러분은 시장 분석과 마케팅 전략이 전혀 수립되어 있지 않다는 것을 증명한 셈이다.

여러분의 마케팅 예산은 한정되어 있다. 따라서 TV와 같은 대중 매체를 통해 전국 모든 소비자를 대상으로 광고를 집행할 수 없다. 그런 데다 대중광고의 효율은 점점 떨어지고 있는 게 현실이다. 게다가 여러분은 소중한 광고 예산을 효율적으로 사용해야 한다. 반드시 목표 고객을 설정하고 어떠한 방식으로 어떠한 수준까지 마케팅을 진행할지 생각해야 한다. 상품을 판매하기 전, 최소 다음의 3가지는 생각해보자.

- ### *3C 분석*
  (Company 회사, Competitor 경쟁자, Customer 고객)

- ### *SWOT 분석*
  (Strengths 강점, Weaknesses 약점, Opportunities 기회, Threats 위협)

- ### *STP 전략*
  (Segmentation 시장 세분화, Targeting 타깃 선정, Positioning 위치 선정)

고리타분한 원론적인 이야기일 것 같은 데다 영어단어라고 해서 회피할 필요는 없다. 마케팅이란 학문은 실패 가능성을 줄이기 위해 과거부터 수많은 분석 방법을 제시해왔다. 그러나 요즘의 시장은 변화와 경쟁이 갈수록 빠르고 심하다. 또한, 여러분은 바쁜 사람이다. 그래서 모든 것을 분석할 수는 없지만, 간단하게라도 이러한 3가지는 생각해보아야 한다.

'내 주변 사람들은 저런 귀찮은 분석 없이도 장사만 잘하던데?' 이는 위험한 착각이다. 주변 사람들이 남몰래 분석했을 수도 있고, 운이 좋아 장사가 잘될 수도 있기 때문이다. 더군다나 그 성공이 여러분께 이어진다는 보장도 없다. 시장 분석은 마케팅의 기초이자 뼈대다. 기초가 없는 마케팅은 여러분을 도박의 세계로 인도할 뿐이다.

앞의 3가지 분석 방법은 오프라인에서 탄생한 전통적인 기법이다. 그래서 온라인 시장에 적용하기에는 다소 어색할 수도 있다. 그래도 개인 사업자가 경쟁력을 갖추기 위해서는 이를 어떻게 적용해야 할지 한번 생각해보자.

3C 분석

● 회사

나의 회사와 상품이 경쟁력이 있는지 확인한다. 키워드 검색량이 높은 카테고리에 속하는가? 판매가격은 카테고리 제품 중 평균 이상인가, 이하인가? 비슷한 제품 중 특별히 내세울 수 있는 장점은 있는가(기능, 디자인 차별성)? 나의 회사는 소비자에게 특별한 서비스를 제공할 수 있는가(빠른 배송, 사은품, 감동의 손 편지, 해피콜 등)?

● 경쟁자

나의 상품 카테고리에 속한 경쟁품 또는 경쟁사를 분석한다. 카테고리에 등록된 상품은 몇 개인가? 상위에 노출되는 제품은 어떤 제품인가? 이 제품만의 장점은 무엇인가? 구매 건수는 어떤가? 고객 리뷰는(최신순으로 정렬했을 때) 하루 평균 몇 개 정도 게재되는가? 고객들이 작성하는 리뷰 내용은 주로 어떤 것인가? 판매자는 어떠한 특별 서비스를 해주는가?

● 고객

카테고리의 상품을 구매하는 고객은 어떠한 사람들인가? 네이버 데이터랩을 통해 구매 고객의 성별과 연령 등을 확인할 수 있다. 데이터를 확인한 후 구매 고객들의 리뷰를 확인해보자. 본인이 사용할 목적으로 구매한 것인가? 부모님 선물용인가? 낮은 평점이 있다면 그들의 불만 사항은 무엇인가?

SWOT 분석

3C의 Company(회사) 분석에도 적용되지만, 강점과 약점을 좀 더 세부적으로 짚어본다. 나의 제품에는 어떠한 약점이 있는가? 트렌드의 변화로 나의 제품이 유행할 기회가 있는가? 명절 상품이나 사

은품 등으로 더 잘 팔릴 기회가 있는가? 내 상품의 약점을 보완한 경쟁품이 나타나면, 어떤 식으로든 방어가 가능한가? 신규 경쟁자의 유입이 빠른 편인가?

STP 전략

● 시장 세분화

원론적으로는 4가지 기준변수(지리적, 인구 통계적, 심리 분석적, 행동적 특성)로 시장을 세분화한다. 그러나 개인이 모든 요소를 다 파악하고 구분 지을 수는 없다. 나의 상품을 사용할 수 있는 고객들의 연령, 성별, 라이프 스타일, 구매 계기, 가격 민감도 등으로 몇 가지 구분을 지어보자.

● 타깃 선정

시장 세분화에서 그룹을 나누었다면, 타깃을 어디에 맞추어 집중할지 결정하는 단계다. 예를 들어, 관절 건강기능식품을 취급한다고 가정해보자. '무릎관절을 많이 사용하는 달리기, 등산 등의 운동을 자주 즐기며, 무릎 관리에 신경을 쓰기 시작하는 40대 남성'으로 타깃을 좁혀 집중할 수 있다. '관절이 불편한 부모님께 드릴 선물로 건강기능식품을 자주 구매하며, 모바일 검색 및 광고를 클릭하는 30대 여성'으로 설정할 수도 있다.

● 위치 선정

'포지셔닝'이라고도 하며, 목표하는 시장에서 제품이 차별성을 지닌 위치에 놓일 수 있도록 만드는 전략이다. 예를 들어, 관절 건강기능식품을 만들려고 한다고 가정하자. 이때 앞에서 선정한 타깃을 고려한다. 제품 속성으로 우위를 점하려 할 경우, 다른 제품에는 없는 특별한 성분을 추가하거나 고함량으로 만든다. 아니면, 여러 가지 성분을 골고루 넣어서 관절 건강 외에 혈행 개선도 해줄 수 있도록 만든다(사용 상황에서 우위). 경쟁 제품과 비교해 더 저렴하거나, 같은 금액에 정제의 수량을 더 늘릴 수도 있다.

상품을 판매하기 전, 반드시 직접 해보아야 하는 분석 방법을 소개했다. 기업에서 쓰는 방식이지만, 개인도 이러한 분석을 통해 마케팅의 실패 확률을 줄일 수 있다. 여러분의 돈은 적지만 소중하다. 하지만 다양한 매체에 광고를 진행하기는 어렵다. 그래서 힘들어도 분석해야 한다. 타깃이 설정되어야 내가 어디에 마케팅할지, 얼마의 금액을 쓸지 알 수 있기 때문이다. 나중에 당신이 마케팅의 벽에 부닥치거나 갈 길을 잃었을 때, 분석해둔 자료를 꺼내 보면 길을 찾을 수 있는 지도가 되기도 한다.

명심해야 할 점은 너무 완벽에 가까운 분석을 할 필요는 없다는 것이다. 분석 자료를 만들다 보면 간혹 자료의 완성도에 심취하게 되는 경우가 있다. 필요 없는 내용을 집어넣거나, 공백을 채우기 위해 시간을 투자하게 되는 경우가 있다. 이처럼 분석을 위한 분석이 되어서는 안 된다. 꼭 필요한 방향성은 잡되, 간결하게 만들어야 한다.

당신이 팔고 있는 것은 무엇인가?

'상품'만을 판매해서는 안 되는 이유

아내의 스마트 스토어에 상품들을 구축한 지 약 3개월이 지났다. 다양한 위탁판매 상품들을 취급해보았다. 잘 팔린 제품들도 있고, 그러지 못한 제품도 많았다. 나는 다른 상품들은 과감히 삭제하고, 내가 관심 있고, 자신 있는 카테고리의 품목에만 집중하기 시작했다. 시장 분석과 소비자를 유입할 수 있는 키워드 전략도 많이 공부했다. 그러다 보니 똑같은 위탁 상품 중에서도 아내의 스토어가 종종 최상단에 노출되곤 했다.

제약회사 출신인 내게 가장 자신 있는 분야는 건강기능식품 카테고리였다. 의약품은 약사법상 온라인으로 판매할 수 없다. 그 때문에 건강기능식품은 유일한 대안이 되었다. 물론, 건강기능식품도 규제가 상당하고 까다롭다. 특히, 광고 부분에서 자칫 잘못하면 법적 처벌을 받을 수 있다. 많은 판매자가 욕심 때문에 의약품으로 오인될 수 있는 문구를 사용하다 처벌받는다. 나는 의약품 마케팅 경험이 있어서 이 부분은 항상 조심했다.

취급하는 건강기능식품이 판매되기 시작했을 때, 아내와 나는 매우 기뻐했다. 아내는 더 많이 판매하기 위해 광고를 더 진행하기를 원했다. 처음에는 나도 욕심이 생겨 아내의 의견에 동의했다. 그러나 생각해보니 뭔가 아쉽고 아깝다는 생각이 들었다.

위탁판매 상품들은 대체로 마진이 작았다. CPC 광고만 진행한다 해도 남는 게 없을 정도로 이익률이 떨어졌다. 아내는 "만약 상품에 만족한 고객들이 재구매에 나서면 결국 이익이 될 것이라고 말하며 초반에는 손실을 보더라도, 고객들이 구매 경험을 많이 하도록 하는 것이 중요하지 않겠느냐?"고 했다. 맞는 말이었다. 초반에 비용을 투자해 고객의 경험률을 높이는 것은 경험고객 확보를 위한 기본적인 방법이다.

그러나 다른 부분이 아쉬웠다. 내 상품의 공급자는 별다른 마케팅을 진행하지 않았다. 상품의 재주문이 계속 들어오고 브랜드가 유명해질수록 우리는 손해라는 생각이 들었다. 많은 자원과 노력을 투입해 상품과 브랜드를 성공시켰다고 해도, 이것은 나의 제품이 아니다. 내가 팔고 있는 것은 다른 사람의 제품이다. 브랜딩을 위한 리소스를 투입하는 게 너무 아깝다는 생각이 들었다.

'광고 대신, 상품을 많이 늘리면 해결되는 문제 아닌가?'라고 생각하시는 분들도 있을 것이다. 그런데 사실 그게 더 어렵다. 분명 취급하는 모든 상품이 균등하게 판매되지는 않을 것이다. 그리고 개인이 운영하는 스토어에서 많은 제품에 신경 쓰기란 쉽지 않다. 재고, 판매 추이, 경쟁사 활동, 키워드 등 한 품목에 신경 써야 할 것들이 너무나 많다. 그리고 위탁 상품은 자주 품절되기 때문에, 품목별로 재고 상태를 공급자에게 수시로 확인해야 한다. 이는 아내 혼자 관리하기에는 너무 큰 부담이 될 것이라 생각했다.

'브랜드'를 팔아야 하는 이유

《마케팅 불변의 법칙》의 저자 알 리스(Al Ries)와 잭 트라우트(Jack Trout)는 이렇게 말했다. "마케팅은 제품의 싸움이 아니다. 인식의 싸움이다." 수많은 사람이 마케팅을 '제품의 싸움'이라 생각한다. 그리고 최고의 품질을 갖춘 제품만이 마케팅에서 승리한다고 생각한다. 그러나 소비자의 인식은 상대적이다. 모두 자신이 타인보다 올바르게 인식한다고 생각한다. 이 부분은 마케터도 마찬가지다.

나는 나만의 브랜드를 만들기로 했다. 내가 만든 브랜드의 가치를 '상품'이라는 것에 담아 소비자에게 판매하리라 결심했다. 개인이 최고 품질의 제품을 만들 수는 없어도, 내가 만들어낸 가치에 열광하는 소비자는 만들어나갈 수 있다고 생각했다. 그리고 그 가치가 담길 그릇인 '제품'을 만들자고 결심한 것이다. 이러한 장점들을 생각하면서 말이다.

- 나 이외에 누구도 판매할 수 없는 유일한 제품
- 위탁판매 상품보다 훨씬 이윤이 높은 제품
- 마음껏 마케팅 활동을 펼칠 수 있는 제품
- 내가 100% 애정을 다 쏟을 수 있는 제품
- 브랜드 가치가 커지면 매출은 높아지고 광고비는 줄어드는 제품

상상만 해도 행복했다. 그러나 이것은 곧 '무자본 사업'에서 탈피한다는 의미였다. 건강기능식품을 만들기 위해서는 큰 비용이 들어가기 때문이다. 그리고 상당한 재고와 공간이 필요하다는 걱정도 몰려왔다. 만약 내가 망한다면 어떻게 될까? 큰돈을 날리게 됨은 물론, 방을 가득 채운 재고들을 보며 한숨으로 나날을 보낼 것만 같

았다. 더군다나 건강기능식품은 유통기한이 평균 2년 정도로 길지가 않다. 장점만큼이나 위험도 상당했다.

아내에게 조심스럽게 이야기해보았다. 이왕 사업하는 거, 우리만의 브랜드를 중심으로 판매해야 의미가 있지 않겠냐고 말이다. 그리고 앞서 말한 리스크에 대해서도 조목조목 이야기해보았다. 아내는 잠시 생각하더니, 이내 고개를 끄덕이며 흔쾌히 해보자고 말했다. 망하면 다시는 안 하면 된다고 했다. 완전히 사업가의 마인드였다.

우리 가족은 현재 2가지의 자체 브랜드 건강기능식품을 판매하고 있다. 처음의 우려와는 달리, 생산한 재고를 모두 판매하고 재생산을 계속하고 있다. 위탁판매 상품을 판매할 때보다 훨씬 더 큰 재미를 느끼고 있다.

처음으로 제품을 만들다

처음 개발한 제품은 친구 2명과 공동 투자로 제작했다. 두 친구 모두 온라인 스토어를 운영 중이었다. 나와 같은 고민을 하다 의기투합하게 되었다. 저녁에 화상회의를 하며, 어떻게 하면 우리가 자체 브랜드를 성공적으로 개발할지 의논했다. 그리고 공동개발이기 때문에 서로 간의 충돌을 방지하는 방법도 중점적으로 연구했다.

우리 3명은 이렇게 결론을 내렸다. 생산비용의 부담을 줄이기 위해 3분의 1로 지출금액과 재고를 나누고, 나는 네이버 스마트 스토어에서만 판매하고, 다른 한 친구는 쿠팡에서만, 그리고 나머지 한 친구는 11번가, 지마켓 등 나머지 모든 오픈마켓에 입점하기로 했다. 서로 다른 판매 채널에서 활동하며 충돌을 방지하자는 대안이었다. 판매가격은 똑같이 설정하기로 약속했다. 대신, 쿠폰과 사은품 등의 행사는 자율로 진행하기로 했다. 첫 제작비용만 나누어 내고, 이후 추가 생산부터는 각자 단독부담하기로 했다.

대망의 첫 제품은 '치아와 잇몸 건강을 위한 영양제' 콘셉트의 제품이었다. 약국가에는 오랫동안 TV광고를 통해 유명해진 두 개의 잇몸 약이 존재했다. 그러나 구강질환은 빠르게 완치되지 않으며, 회복에 많은 시간이 걸린다. 그래서인지 사람들이 유명제품을 섭취하다가도, 다른 제품으로 쉽게 이동하는 행동 패턴을 보이는 것을 발견했다. 그리고 그 고객들은 우리의 타깃이 되었다.
우리는 '칼슘'과 '프로폴리스' 성분을 기초로, '아연'과 '셀렌'이라는 성분을 추가해 '면역기능'을 강화했다. 구강질환이 세균으로 인해 많이 발생한다고 생각했기 때문이다. 그리고 면역에 대한 소비자의 니즈가 충분히 있다고 판단했다.

제품 출시 후, 치아 영양제는 빠른 속도로 판매되며 검색 상단에 자리 잡았다. 비록 후발주자였으나 완전히 새로운 접근법으로 다가 간 결과였다. 대부분의 치아 영양제 판매자들은 상세페이지에 제품 에 함유된 성분만을 이야기하고 있었다. 반대로 나는 상세페이지 첫 시작에 우리 제품을 이렇게 소개했다. '구강질환은 양치질이 제 대로 안 되었기 때문입니다' 그리고는 치아 사이에 남은 이물질이 플라그로 변해 치아와 잇몸을 망치는 과정을 설명했다. 마지막으로 양치질을 제대로 한 후에 우리 영양제를 꾸준히 섭취하면 잇몸이 더 건강해질 것이라고 말했다.

판매제품을 단순히 소개하기보다 소비자가 느끼는 불편함에 초 점을 맞춘 것이다. 그리고 영양제를 구매할 때 칫솔, 치약, 치실 등 을 함께 구매할 수 있도록 구성했다. 고객들은 제품보다 이 전체의 '과정'을 구매하기 시작했다. 나의 첫 제품은 저렴한 가격이었지만, 치약과 칫솔 등을 함께 판매하며 1차 제작 물량을 3개월 만에 완판 했다. 그리고 재구매 고객의 수는 현재까지도 증가하고 있다.

당신이 팔고 있는 것은 무엇인가? 당신이 팔고 있는 것이 하나의 상품인지, 아니면 나의 가치 있는 브랜드인지 생각해보아야 한다. 단순히 상품을 판매하는 행위에는 한계가 있다. 나는 이 한계에서 벗어나기 위해 과감히 나의 브랜드를 만들었다. 아직은 대단한 매출이라고 이야기할 수 없다. 그러나 재구매 고객들이 남기는 리뷰에서 내가 올바른 방향으로 가고 있음을 확인할 수 있다.

우리는 상품에만 집중해서는 안 된다. 그리고 모든 소비자를 대상으로 할 필요도 없다. 우리가 만들어놓은 브랜드의 가치를 좋아해주고 다가와주는 소비자들을 늘려가면 될 것이다.

내 제품은 옆집에서도 파는 제품이다

우리 동네의 편의점 수는 과연 몇 개나 될까? 정확히 세어본 적은 없지만, 불편함 없이 찾을 수 있을 정도로 많다. 편의점도 여러 개의 브랜드가 있지만, 나는 그냥 가장 가까운 곳으로 간다. 내가 자주 구매하는 맥주, 컵라면, 과자는 전국 어느 점포를 가도 판매하기 때문이다. 요즘은 소비자가 어디를 가든 똑같은 제품을 쉽게 구매할 수 있는 세상이다.

내가 종사하고 있는 의약품 산업의 유통도 마찬가지다. 대한민국의 약국 수는 약 2만 2,000개 정도다. 규모의 차이는 있겠으나, 약국당 수백 가지 종류의 약을 취급한다. TV광고를 통해 잘 알려진 '우루사', '아로나민 골드', '카베진' 등과 같은 제품들은 어느 약국을 가더라도 쉽게 살 수 있다. 그러나 특이하게도 유명제품을 제외하면, 약국마다 취급하는 일반의약품은 대부분 다르다.

감기약을 두 군데 이상의 약국에서 구매해본 적이 있는 사람이라면, 가는 곳마다 약사가 추천해주는 약이 다르다는 것을 알 것이다. 왜일까? 약사들은 약국을 운영하는 사업자다. 단골의 확보와 약국 브랜딩을 위해, 그들 스스로 많은 마케팅 활동을 펼친다. 효과가 좋은 제품 중에서도 주변 약국에서 판매하지 않는, 우리 약국에서만 취급하는 의약품을 찾기 위해 많이 노력한다.

제약회사 입장에서도 마찬가지다. 대중광고를 진행하는 제품은 소비자 접근성을 높이기 위해 최대한 많은 약국에 제품을 투입한다. 그러나 광고를 하지 않는 제품은 반대의 전략이 필요하다. 먼저 지역별로 우리 회사 제품을 중점적으로 판매할 거점 약국을 선정한다. 거점 약국은 주변 지역에서 자신만 판매하는 제품이므로, 고객들에게 집중적으로 권장 판매를 한다. 이러한 제품(의약품)을 업계용어로 '역매품'이라고도 한다. 제약회사 마케팅팀은 약국이 판매 활동에 집중할 수 있도록 브로슈어, 포스터, 진열대와 같은 각종 홍보자료를 개발한다. 그리고 영업사원이 약국을 방문해 그것의 전시 활동을 펼친다.

이렇게 주변에서 쉽게 찾아볼 수 있는 약국에서도 치열한 마케팅 활동을 벌인다. 바로 옆 약국에서도 살 수 있는 똑같은 제품만 취급한다면, 그 약국은 약사의 상담기술이나 가격 할인 등에만 의존해야 할 것이다. 그래서 약국은 효과 좋은 의약품을 해당 약국에서만 취급하도록 '상품 구성'에 많은 노력을 기울인다.

우리가 온라인에서 상품을 구매할 때도 마찬가지다. 상품을 구매하기 위해 검색하면, 수많은 제품과 판매 몰이 검색 결과에 나타난다. 검색창에 '회사명, 제품명, 모델 넘버'를 모두 기입해 검색하더라도 해당 모델을 판매하는 다양한 가격과 판매자가 나타난다. 정확한 모델명으로 검색해도 결과가 수십 가지인데, '남자 가방', '관절 영양제' 등으로 검색하면, 과연 몇 개의 상품이 나올까? 너무 많은 상품은 소비자에게 즐거움보다는 '선택 장애'라는 스트레스로 다가올 수 있다. 그래서 소비자는 다음의 예와 같은 선택을 한다.

A씨는 업무용 가방을 구매하기 위해 '남자 가방'을 검색한다. 그런데 가격대가 워낙 천차만별이다. 자신이 생각해둔 예산을 생각해 검색 필터에 '20~30만 원'이란 조건을 설정한다. 그리고 좋아하는 색상인 '검은색' 조건도 추가한다. 그러고는 추려진 검색 결과에서 마음에 드는 디자인 제품을 살펴본다. 가장 마음에 드는 디자인을 선택한 후, 마지막으로 똑같은 제품을 더 저렴하게 파는 곳이 있는

지 검색해본다.

B씨는 관절이 불편하신 부모님께 영양제를 선물해드리려고 한다. '관절 영양제'로 검색하니 수많은 제품이 나온다. 과연 이 많은 제품 중, 어떤 제품이 가장 효과가 있을까 생각한다. 50건 이상의 평가 리뷰가 있는 제품 위주로, 실제 구매자의 리뷰를 꼼꼼히 본다. 효과가 좋아서 재구매했다는 리뷰들을 본다. 그리고 부모님께서 매일 드시고 좋아하신다는 리뷰를 보고 나니 확신이 선다. 영양제의 브랜드 이름을 확인하고, 여러 판매자 중 배송이 빠른 곳과 포인트 혜택을 많이 주는 곳이 어디인지 검색한다.

이렇듯 소비자들은 최선의 선택을 위해 나름의 기준을 세운다. 원하는 상품이 최종적으로 선정되면, 마지막 단계에서는 똑같은 상품을 판매하는 '스토어'들을 비교한다. '가격은 저렴한가?', '배송은 빠르게 되는가?', '사은품이나 포인트를 주는가?', '문제가 생기면 적극적으로 대응해준 기록이 있는가?' 등을 최종적으로 분석하고 구매를 결정한다.

소비자는 만족스러운 구매를 위해 수많은 기준을 세운다. 판매자는 내 상품이 소비자의 최종 선택 후보에 오른다 해도, 똑같은 제품을 판매하는 다른 집들과 마지막 경쟁을 해야 한다. 대망의 결승전이 기다리고 있는 셈이다. 이때 많은 판매자가 '가격 할인'만을 최우선 전략으로 삼는다. 다른 판매자보다 10원이라도 더 저렴하게 판매해 한 단계 위에서 노출되고자 한다. 그러나 최저가 전략이 최선의 선택인 것만은 아니다.

고액고객유치 컨설턴트 '무라마츠 다츠오(村松達夫)'는 자신의 책 《고객의 80%는 비싸도 구매한다!》에서 이렇게 말한다.

"고객은 '초특가'라는 이벤트와 '10원이라도 싼 곳 발견하기'라는 게임을 즐기고 있을 뿐이지, 돈을 절약하는 것 자체를 간절히 원하지는 않았던 것입니다."

고객은 단지 10원 절약하려고 몇 시간이나 컴퓨터 앞에 앉아 검색하고 있지는 않을 것이다. 그는 '2·6·2의 법칙'에서 이렇게 주장한다.

"고객의 20%는 세일 제품만을 고집하고, 20%는 세일하는 제품을 사지 않는다. 60%의 고객은 세일 제품도 사고 정가 제품도 산다. 이렇게 생각하면 우리가 고가전략을 펼칠 때 마케팅의 타깃은 상위 20%가 아니라 80%가 된다. 그 때문에 판매 대상 범위가 훨씬 넓어진다."

만약 내 브랜드 제품을 직접 제작하고 나 혼자만 판매하게 된다면 어떨까? 이와 같은 결승전은 필요 없이 부전승을 거두게 될 것이다. 다른 브랜드와의 경쟁에서만 이기면 된다. 내 브랜드와 제품에 고객이 어떠한 기준으로 접근하는지 파악하고, 모든 역량을 거기에 쏟아부으면 된다. 그러면 비슷한 브랜드 제품들보다 평균 판매가격이 높더라도 아무런 문제가 되지 않는다. 내 상품이 겨우 고객의 기준에 부합했는데, 결제는 다른 곳에서 이루어진다면 얼마나 억울하겠는가?

당신이 현재 자체 브랜드 제품을 제작하지 않고, 다른 판매자도 쉽게 판매할 수 있는 상품을 판매하고 있다면 다양한 노력을 기울여야 한다. 다행인 점은 소비자들이 무조건 최저가라고 구매하지는 않는다는 것이다. 온라인에서 소비자들은 실제로 제품을 만져보거나 입어보고 구매하지 못한다. 그리고 '이 정도면 되겠지?'라는 추측과 판단을 내리고 구매를 결정한다. 그 판단에 대한 믿음을 얻기 위해 제품의 촬영 사진들과 다른 소비자의 리뷰, 그리고 이 제품을 남들이 얼마나 구매했는지를 따진다.

당신이 만약 다른 사람도 판매하는 남성용 가방을 위탁 또는 사입으로 판매하고 있다고 가정해보자. 물론 소비자는 직접 만져보거나 들어볼 수 없다. 그 때문에 당신은 다양하고 퀄리티 높은 사진과 텍스트로 그들의 상상력을 자극하고 눈을 통해 만족시켜야 한다.

당신이 이 가방에 '성공한 사업가의 핵심서류가 들어갈 비즈니스 가방'이라는 가치를 담고자 한다면, 사진도 다르게 연출해 촬영해야 한다. 가방 주변에 놓을 고급스러운 안경, 만년필, 고급 손목시계, 서류 등의 소품이 필요하다. 군더더기 없이 깔끔한 느낌의 배경과 조명도 필요할 것이다. 그리고 비즈니스 복장의 남성이 직접 가방을 들고 있는 상황의 사진이 있다면, 소비자도 그 가방을 들고 거래처로 가는 상상을 하게 될 것이다. 이동이 많은 당신이지만, 어떤 국가의 어떠한 가죽을 사용했기 때문에 스크래치가 날 위험이 적고, 고급스럽다는 내용의 텍스트와 사진도 필요하다.

만약 건강기능식품을 취급한다면 리뷰와 사은품에 더 신경을 써보자. 리뷰는 체험단을 활용하거나 주변 지인들에게 부탁해도 좋다. 제품을 전달할 때 '본인의 부모님께서 섭취해보신 이후의 느낌'을 솔직히 적어달라고 부탁해보라. '앓고 있던 질병이 싹 없어졌다'와 같은 사기성 리뷰는 필요 없다. '부모님께서 꾸준히 잘 드십니다', '먹기 괜찮다고 하시네요'와 같은 문구만 있더라도 '선물'하려고 검색하는 소비자를 안심시킬 수 있다. 구매 수량에 따라 선물용 종이가방을 무료로 주거나, 1,000원 정도로 추가 구매할 수 있도록 설정해둔다면 당신이 결승전에서 이길 확률은 상당히 높아진다.

우리가 원하는 제품을 언제 어디에서나 살 수 있듯, 당신이 판매하는 제품도 많은 곳에서 팔리는 제품임을 인정하자. 똑같은 제품이라도 진열이 깔끔하게 잘되어 있거나 판매원이 친절한 곳에서 사는 게 더 기분이 좋다. 조금 더 비싸더라도 나를 더 반겨주고 내 마음을 알아주는 곳, 그런 데서 단골이 탄생한다. 온라인에서 저렴한 가격은 분명 강력한 판매 요소라는 데 동의한다. 하지만 구매를 100% 이끌어내는 절대적인 요소는 아니다. 당신의 제품에 어떠한 브랜드가치를 심을 것인지를 먼저 설정하라. 그러면 당신은 어떠한 고객에게 집중해야 하는지 알게 될 것이다. 그들을 만족시킬 방법 또한 알게 될 것이다.

그들의 필요는 이미 충족되었다

현재 우리가 사는 세상에서 더 이상 신제품이 나오지 않는다면 어떻게 될까? 불편해서 사람들이 더 이상 살아갈 수 없는 상황이 될까? 아니다. 우리 세상에는 이미 필요 이상으로 많은 제품이 존재한다. 기능적인 부분만 보면, 우리는 현재까지 나온 제품들만으로도 죽을 때까지 살아가는 데 아무런 문제가 없다. 모든 소비자의 필요(Needs)는 이미 충족되었다고 해도 무방하다.

그럼에도 불구하고 우리는 매일같이 신제품 출시 소식을 접하고 있다. 만약 오늘 하루 신제품이 1,000개가 출시되었다고 가정하자. 이 중 기존의 틀을 완전히 부수거나 뒤엎는 정도의 혁신적인 신제품은 몇 개나 될까? 아마 하나도 없거나 정말 많으면 1개 정도 될 것이다. 스마트폰이나 자율주행 전기자동차의 탄생과 같은 충격은 매일같이 발생하지 않는다.

소비자의 필요는 충족되었는데 새로운 제품이 계속해서 출시되는 이유는 무엇일까? 1,000개의 신제품 중 혁신제품이 한 개라면, 나머지 999개의 제품은 어떤 이유로 탄생하는 것일까? 이의 해답은 소비자의 필요(Needs)가 아닌 욕구(Wants)에서 찾을 수 있다.

욕구는 자극을 받으며 계속 변화한다. 옷장 안에는 옷이 가득한데, 입을 옷이 없다고 걱정한다. 냉장고에 식재료가 가득하지만, 마트를 가면 아무 생각 없이 냉동음식을 또 카트에 담는다. 할인쿠폰의 만료가 임박했음을 알게 되면 당장 필요가 없더라도 쇼핑하러 간다.

2014년의 '허니버터칩' 대란을 기억하는가? 서로 한번 먹어보겠다고 온 동네 편의점과 마트를 돌아다녀도 구하기 힘들 정도였다. 누군가가 SNS에 허니버터칩과 함께 인증샷을 올리면, 감탄과 질투가 쏟아졌다. 중고 마켓에는 '허니버터칩의 향기라도 느낄 수 있는' 빈 봉지가 매물로 나올 정도였다. 희소성이라는 욕구에 전국이 들끓었던 사건이었다. 2022년 현재는 '포켓몬 빵'이 헝거(Hunger) 마케팅의 새로운 선두주자로 떠올랐다.

신제품은 이렇게 소비자의 다양한 욕구로부터 탄생한다. 소비자는 기존에 사용하던 제품에 다양한 의견을 제시한다. '조금 더 가벼웠으면 좋겠다', '배터리가 더 오래갔으면 좋겠다', '디자인이 전혀 마음에 들지 않는다' 등의 의견을 주변 사람들과 나눈다. 이러한 불만, 두려움, 바람의 욕구들을 기업의 마케팅팀은 계속해서 주시한다. 그리고 개선할 점들을 보완해 신제품으로 출시하고 홍보한다.

내가 마케팅을 담당했던 '콜대원 키즈'라는 어린이 감기약도 소비자의 욕구에서 탄생한 제품이다. 기존의 '콜대원'이라는 감기약은 언제 어디서나 물 없이 간편하게 짜 먹도록 개발된 최초의 액상 스틱 파우치 형태의 성인 감기약 브랜드였다. 이후 소비자 조사에서 짜 먹는 스틱 파우치의 수요가 '자녀가 있는 엄마'들에게 더 크다는 것을 발견하게 되었다.

엄마들이 아이에게 약을 복용시키고자 할 때는 매우 신중하다. 내 아이의 나이와 몸무게에 맞는 최적의 용량을 지키면서도, 혹시나 필요 없는 성분까지 복용시키게 될까 봐 두려워한다. 기존의 감기약은 해열, 기침, 콧물 등을 한 번에 해결하는 종합감기약이 대세였다. 단일성분의 해열제 시럽도 존재했지만, 용량이 너무 커 다 못 먹이고 버리는 일이 많았다.

필요한 용량만 짜 먹고 버릴 수 있는 '콜대원 키즈'는 그렇게 탄생했다. '중복성분이 없는 어린이 감기약'이라는 콘셉트로 해열제 2종, 기침약, 코감기약 총 4종의 제품을 제작했다. 출시 후 육아맘들의 폭발적인 인기를 끌었고, 수많은 경쟁사가 비슷한 제품을 출시하는 효과를 불러왔다.

해열, 진통엔!　　해열, 진통엔!　　기침 감기엔!　　코감기엔!

콜대원키즈　　　콜대원키즈　　　콜대원키즈　　　콜대원키즈
펜 시럽　　　　**이부펜** 시럽　　　**코프** 시럽　　　**노즈에스** 시럽
(아세트아미노펜)　　(이부프로펜)

〈출처 : 대원제약 콜대원 브랜드페이지〉

　우리는 온라인에 판매할 신제품을 소싱하거나 제작을 기획할 때, 많은 걱정을 한다. 무엇을 생각해도 이미 시장에 많이 출시된 제품이기 때문에, 성공 가능성이 없을 것이라고 좌절한다. 그것은 여러분이 시장에 없는 혁신적인 제품만을 추구하기 때문이라고 생각한다. 우리는 스티브 잡스(Steve Jobs)가 아니다. 시장에 없는 제품이 아니라, '개선되었으면 하는' 제품을 생각해야 한다.

　아내의 온라인 쇼핑몰을 위해 단독으로 판매할 관절영양제 제품을 기획하게 되었다. 그래서 친분이 있던 약사님께 자문해보았다. 약국에서 관절영양제를 판매할 때 어떤 성분을 주로 추천해주시는

지 여쭤보았다. "한 가지 성분만이 아니라, 관절에 좋다고 알려진 다양한 성분을 함께 섭취해주어야 한다고 생각합니다. 성분마다 작용하는 메커니즘이 다르거든요. 그런데 약국에도 아직 그런 제품들이 별로 없는 게 사실입니다"라는 대답이 돌아왔다.

소비자들이 건강기능식품을 온라인에서 검색할 때는 특정 성분 명으로 검색하는 경향이 있다. 예를 들어, TV 프로그램에서 관절에 좋다고 소개한 MSM, 초록입홍합, N아세틸글루코사민, 콘드로이친 등이다. 시중에는 역시나 이들 성분을 담은 많은 제품이 있었다. 그러나 주원료들이 복합적으로 조합된 제품은 찾기 어려웠다(부원료로 조합된 제품들은 많았지만, 부원료는 효과에 전혀 영향을 주지 못하기 때문에 제외한다).

그리고 관절영양제 제품들은 생각 이상으로 고가였다. 함유 성분들을 살펴보았을 때 원가가 어느 정도인지 대략 추측되는 데 비해 터무니없이 비싸다는 생각이 들었다. 매일 꾸준히 섭취해야 하는 제품인데, 장기적으로 먹기에는 가격이 부담될 수 있다는 생각이 들었다.

결국, 우리는 MSM과 N아세틸글루코사민, 그리고 비타민D의 3가지 주성분을 하루 권장량 최대치로 배합했다. 다양한 원료가 들어가다 보니 정제의 크기가 커지는 단점이 있었다. 그래서 제조사와 우리는 정제의 크기를 줄이는 데 최대한 집중했다. 시중의 단일 성분 제품 평균 가격이 5만 원 정도였는데, 우리는 4만 원이 넘지 않도록 저렴하게 가격을 책정했다. 아내 혼자 운영하는 스토어이다 보니 인건비가 발생하지 않아 마진에는 문제가 없었다.

다양한 관절 부위 중에 나는 '무릎'에만 집중했다. 활기찬 행동을 원하는 소비자에게는 무릎이 가장 중요하다고 생각했기 때문이다. 제품 이름도 '무르피라'라고 지었다. 그리고 대량구매 고객에게는 사은품으로 '무릎보호대'를 증정했다. 검색키워드도 성분명보다 '무릎연골영양제', '무릎영양제' 등을 노출하는 데 집중했다. 타깃을 너무 축소하는 게 아니냐는 아내의 걱정도 있었지만, 확신은 있었다.

무릎 건강의 욕구를 가진 고객들이 '무르피라'를 구매하기 시작했다. 본인의 섭취나 부모님 선물 등 다양한 구매 이유가 리뷰로 작성되어 올라왔다. 처음에는 '무릎연골영양제'로 유입되는 고객이 많았으나, 현재는 '무르피라'라는 제품명으로 직접 검색해 구매하는 고객들이 더 많아졌다.

우리는 레드오션이라는 말을 너무나 쉽게 사용한다. 시장이 포화되었다는 이유로 접근할 생각조차 하지 않는다. 그래서 '어느 시장이 블루오션인가?'라고 물으면 정작 대답하지 못한다. 온라인이라는 바다는 넓다. 블루오션은 레드오션에서 '새로운 욕구'로 정화

함으로써 탄생한다고 생각한다. 경쟁제품들을 계속 살펴보고 소비자의 리뷰를 하나하나 체크해보라. 그러면 여러분들의 눈에 푸른 바다의 시장이 들어올 것이다.

소비자는 냉정하고 똑똑하다

소비자는 시대를 거듭할수록 냉정하며 똑똑해지고 있다. 온라인의 발달로 내가 사고 싶은 제품에 대한 많은 정보를 구할 수 있다. 그리고 가장 저렴하게 구매한 사람의 노하우를 언제 어디서나 쉽게 읽을 수 있다. 광고에 쉽게 넘어가지 않는다. 유명 연예인들이 뒷광고 논란으로 곤욕을 치르게 된 것 역시 소비자가 똑똑해져서다. 뉴스에서 기업의 부정적인 행태에 대한 보도를 접하게 되면, 불매운동을 하거나 그 기업의 경쟁사 제품으로 구매를 한다.

가격대가 비싸거나 본인에게 중요한 의미가 있는 '고관여 제품'일수록, 소비자는 구매하기 전에 시간과 노력을 많이 들인다. 자동차를 구매한다고 생각해보라. 전시장에 방문해 딜러의 말만 듣고 구매하는 시대는 끝난지 오래다. 오랜 시간 동안 다양한 유튜브 영상을 보며 장점과 단점을 파악한다. 자동차 카페 커뮤니티에 가입해 실제 오너들의 의견을 들어보고 궁금한 점에 대해 직접 질문한다. 그리고 전국 어느 대리점의 딜러가 할인 및 서비스를 많이 제공하는지에 대한 정보까지 얻게 된다.

소비자들은 자신의 소비 활동에 대해 남들로부터 '좋은 제품을 합리적인 가격에 구매한 스마트한 소비 활동'으로 인정받고 싶어한다. 그래서 온라인 커뮤니티에 '제가 잘 산 것 맞죠?' 하며 질문하는가 하면, SNS에 인증샷과 함께 자신이 많은 할인을 받아 '득템'을 했다며 자랑을 한다. 그리고 이런 콘텐츠들은 널리 공유되어 다른 사람의 소비 활동에 영향을 끼친다.

소비자의 이러한 경향은 의약품에서도 나타난다. 10년 전만 하더라도 소비자는 주변 약국의 약사가 추천해주는 영양제를 완전히 신뢰하고 구매해왔다. 그러나 최근에는 소비자들이 유튜브나 블로그에서 영양제에 대한 정보를 먼저 살펴본다. 특히, 유튜브에서 활동하는 의사와 약사들이 많아졌으며, 콘텐츠 영상에서 어떤 비타민, 감기약, 관절약 등을 선택해야 하는지 상세하게 알려준다. 그리고 소비자들은 커뮤니티를 통해 유튜버가 추천한 영양제를 어느 약국에서 가장 저렴하게 파는지에 대해 정보를 공유한다.

소비자들이 제품을 구매하기 전, 온라인에서 정보를 검색하고 습득하는 것은 시대의 발전이 가져온 자연스러운 행동이다. 많은 정보를 쉽게 습득할 수 있는 소비자는 점점 더 똑똑해지고 있다. 그리고 그들은 자신들이 찾은 정보가 가장 신뢰성이 높다고 굳건히 믿는다. 그리고 그 믿음은 반대되는 정보를 발견해도 쉽사리 변하지 않는다. 오히려 반대되는 정보는 틀린 정보라며 비난한다.

물론 좋지 못한 사례도 있다. 온라인에서 나타나는 정보가 모두 사실인 것은 아니다. 전문가의 의견이라 할지라도 주관적인 입장의 내용이 포함되어 있을 수 있다. 하물며 일반 소비자는 근거가 부족한 추측성의 의견을 사실인 것처럼 제시하는 경향이 있다. 이와 같은 추측성 콘텐츠는 '카더라 통신'으로 널리 퍼져 다른 소비자들에게 악영향을 끼친다. 2019년도에 '항암치료를 위해 개 구충제(펜벤다졸)를 복용했는데 완전히 치료되었다'라는 유명인의 한 유튜브 영상이 폭발적인 인기를 끌었다. 수많은 의료전문가들이 낭설이라고 주장했지만, 많은 소비자들이 유튜버의 의견을 더 신뢰했다. 그리해 펜벤다졸은 당시, 없어서 못 팔 정도로 인기를 끌었으나 지금은 누구도 그 이야기를 하지 않는다.

나 역시도 근거 없는 소문에 곤혹을 치른 적이 있었다. 2015년 '카베진'이라는 일본 위장약을 한국 시장에서 마케팅 활동을 할 때였다. 한국 약사법상 모든 의약품은 약국에서만 판매할 수 있기 때문에, 정식 수입된 카베진은 모두 약국으로 유통되고 있었다. 그러자 불법해외직구 판매업자들이 우리를 공격하기 시작했다. 그리고 포털사이트에 '파워블로거'들을 활용해 근거 없는 소문을 뿌리기 시작했다.

'카베진은 약국에서 파는 가격이 일본 직구보다 세 배 이상 비싸다', '일본에서 파는 카베진과 한국 수입된 카베진은 성분이 다르다', '한국에서 판매되는 카베진은 구형이고 일본에서 파는 카베진은 최신 제품이다' 등의 낭설을 집중적으로 양산했다. 게다가 트래픽을 불법으로 조작해 네이버에 '카베진' 키워드 검색 시, 우선 노출이 되도록 만들었다. 콘텐츠의 마지막에는 항상 자신들의 사이트가 가장 저렴하다는 소개를 넣었다.

상황이 이렇다 보니 많은 사람들이 거짓을 사실로 받아들이고 있었다. 주변 친구들도 내게 인터넷의 내용이 사실이냐고 되물을 정도였다. "어찌 되었건 카베진이 많이 팔려서 좋은 게 아니냐?"라는 의견도 있었지만, 거짓을 말하는 그들을 가만히 두고 볼 수는 없었다.

언론매체에 카베진의 일본 직구와 한국 약국의 가격을 비교해 달라는 요청을 했고, 조사 결과 차이가 없다는 기사가 발행되었다. 또한, 식품의약품안전처에 의뢰해 의약품을 불법으로 판매하는 업체와 그들이 발행한 근거 없는 콘텐츠들을 모두 차단해달라고 요청했다. 불법업체가 워낙 많아 정상화되기까지는 많은 시간이 걸렸다. 자칫하면 소비자들의 기업에 대한 신뢰도가 떨어질 수 있기에, 나는 빠르게 차단을 했어야 했다. 다행히 현재는 그런 터무니없는 악성 정보들이 많이 사라졌다.

소비자는 많은 공부를 한다. 그들은 온라인에서 구매 의사 결정 직전의 순간까지도 많은 정보를 파악한다. 그래서 우리는 온라인에 등록한 상품 정보를 더 자세하고 꼼꼼하게 체크해보아야 한다. 전자기기를 구매하는 소비자는 제조 연월을 신경 써서 체크할 수 있으며, 영양제는 성분별로 함량이 어느 정도인지, 첨가제는 무엇을 사용했는지에 대해 많은 것을 파악한다. 소비자 커뮤니티의 리더들은 구매 제품에 대해 체크해보아야 할 사항들에 대해 리스트를 만들어준다. 당신이 판매하는 모든 제품도 누군가는 체크리스트를 들고 하나하나 점검을 하고 있다는 이야기다. 체크리스트에 있는 항목이 여러분의 상품 정보에 등록되어 있지 않다면, 소비자는 강한 의심을 품고 이탈해버린다. 그들은 똑똑할 뿐만 아니라 냉정하기 때문이다.

'이 정도로 해두면 대충 알아서 사지 않을까?'라는 생각은 버려야 한다. 더 나은 것을 찾아 혈안이 된 그들에게 대충이란 없다. 경쟁업자들이 소비자에게 어떤 혜택을 주고 있는지도 파악해야 한다. 사업을 운용하는 데 큰 무리가 가지 않는다면, 가급적 경쟁사에서 하는 모든 프로모션을 당신의 스토어에도 적용해보라. 소비자들은 당신이 어떠한 혜택을 제공하는지 모두 체크하고 있을 것이다.

아내는 가끔 소비자들에게 온 문의를 내게 보여준다. 그럴 때마다 나는 깜짝 놀라곤 한다. 예를 들어 '한 달 전에는 분명 가격이 더 저렴했는데 왜 지금은 500원이 올랐나요?', '제가 먹는 영양제가 칼슘이랑 아연이 몇 mg인데, 이거를 함께 먹어도 문제없나요?' 등의 내용을 보면 매우 놀랍게 느껴진다. 우리 스토어의 제품을 구매하지는 않았어도 가격을 기억하고 있었다니. 그리고 '자신이 섭취하는 영양제의 함량이 일일권장량을 초과하는지에 대해서도 매우 신경을 쓰고 있구나' 하는 생각이 들었다. 대부분이 '이거 먹으면 좋아요?'와 같은 난처한 질문들이다. 그러나 예시와 같은 꼼꼼한 질문들이 늘고 있는 것을 보면, 상품 소개에 더 많은 내용을 기재해야겠다는 생각이 든다.

사람들은 점점 더 편리한 방법으로 정보를 얻을 수 있다. 그리고 그 정보들을 활용해, 소비 활동의 실패 확률을 줄인다. 그들은 습득한 정보에 대해 신뢰도가 높으며, 다른 내용의 정보에 대해서는 냉정하게 외면한다. 소비자는 올바른 정보를 얻을 수도 있으나, 기업에서 만들어낸 거짓정보에도 쉽게 노출되고 신뢰할 가능성이 높다. 이러한 상황에서 우리는 어떻게 해야 할까? 판매하는 상품에 대해 올바르게 기준을 세우도록 많은 정보를 제공해야 한다. 간혹 '부형제가 없는 식품이 가장 좋은 것'이라고 잘못 알고 있는 소비자들이 있다. 이러한 소비자들에게는 '우리 식품에 들어가는 부형제는 식약처로부터 정식 승인을 받은 안전한 성분'이라는 정보를 전달해주어야 한다.

MARKETING

2장

모든 사업은
마케팅이다

MARKETING

팔리는 제품에는 팔리는 이유가 있다

수많은 제품이 새롭게 출시를 하고, 수많은 제품이 조용히 자취를 감추는 세상이다. 네이버에서 쇼핑을 하기 위해 자주 검색을 하다 보면, 어제까지 없던 제품이 새로 등록되어 나타난다. 그리고 과거에 사용했던 제품을 다시 구매하려고 찾아보면 '더 이상 판매하지 않는 상품입니다'라는 메시지를 종종 볼 수 있다. 이렇듯 우리가 모르는 사이에 시장에서는 매일같이 치열한 전쟁이 펼쳐진다. 과거부터 오늘날까지 위치를 굳건히 지키며 높은 판매량을 유지하는 제품은 어떤 게 있을까? 그리고 그들이 잘 팔리는 이유는 과연 무엇일까?

제품이 소비자들에게 많은 사랑을 받으며 판매되는 이유에는 분명 여러 가지가 있다. 가장 대표적인 요인은 높은 브랜드 인지도라 생각한다. 나이키, 코카콜라와 같은 세계적인 브랜드 외에도 우리 주변에서 인지도가 높은 브랜드를 쉽게 발견할 수 있다.

'케토톱'이라는 의약품 브랜드가 있다. 1994년도에 출시한 이 제품은 '국내 최초 붙이는 관절염 치료제'라는 명목으로 탄생하게 되었다. 이전에 관절염은 대부분 먹는 알약이었기 때문에 위장의 부작용이 많았다. 붙이는 형태가 출시되면서 약물이 환부에 직접 침투해 집중 치료가 가능해지니, 소비자는 열광했고 입소문은 빠르게 퍼졌다. 케토톱은 당시 인기모델인 고두심 씨를 내세워 "먹지 말고 붙이세요, 캐내세요!"라는 카피로 대중광고를 진행했다.

출시 초기부터 대중들에게 좋은 인식을 심어준 케토톱은, 현재까지도 꾸준하게 광고를 진행하며, 사람들에게 넘버원 관절염 치료제로 인식되고 있다. 그 결과 케토톱은 2021년도 약 406억 원 매출을 기록하며 매년 파스류 1위 자리를 지키고 있으며, 연평균 9%의 높은 매출 성장을 보이고 있다(IQVIA사의 IMS DATA 기준).

잘 팔리는 이유 중에는 '팬덤(Fandom)' 효과도 크게 작용한다. 상품의 본래 가치보다는 판매자 또는 이용자가 누구인가에 더 초점이 맞춰진 마케팅이다. 2020년 세계적인 아이돌 그룹 '방탄소년단(BTS)'이 경남제약 '레모나' 모델로 발탁된 이후 엄청난 판매고를 올린 것을 보면, 팬덤 효과의 무서움을 실감할 수 있다. 최근에는 연예인뿐만 아니라, 유튜브나 인스타그램 등에서 수많은 팔로워를 보유한 일반인들이 팬덤 마케팅의 중심이 되어가고 있다. 이러한 인플루언서(Influencer)의 영향력은 점점 커지고 있으며, 기업들은 이들을 홍보모델로 발탁하거나 '공동구매'라는 방식으로 협업을 진행하고 있다.

'기존 시장에는 없던 요소'를 새롭게 추가하는 것도 또 다른 성공 요인이 될 수 있다. 기존에 없는 요소라 함은 완전히 새로운 기술이거나, 기존의 불편함을 새롭게 개선한 제품 모두를 뜻한다. 국내 유명 크라우드 펀딩 플랫폼인 '와디즈(WADIZ)'에서는 다양한 스타트업 기업의 새로운 아이디어들이 매일같이 쏟아지고 있다. 이 중에서도 경쟁력이 있는 아이디어들은 많은 서포터의 후원을 받아 신제품으로 세상에 출시된다.

와디즈 펀딩업체 중 '메가스마일'이라는 구강케어제품 회사가 있었다. 이들은 우리가 매일같이 사용하는 칫솔에 대해 새로운 질문을 던졌다. "한국인은 매일같이 양치를 열심히 하는데, 왜 치아와 잇몸에 질환이 계속 생기는가?" 해답은 우리가 평소 양치질을 할 때, 손에 너무 힘을 준다는 사실에 있다고 했다. 굵고 단단한 손잡이는 자연스럽게 힘이 들어갈 수밖에 없다고 한다. 그리고 한국인이 선호하는 부드러운 미세모는 힘이 부족하기 때문에 더욱 강하게 양치를 하게 만든다고 했다.

    나는 이들의 펀딩 내용을 보며, 조목조목 맞는 이야기라고 생각했다. 매일 양치를 하면서도 내가 강하게 양치를 하고 있다는 생각은 하지 못했다. 하지만 잇몸이 약해지고, 솔이 금방 망가져가는 것을 보며 '내가 양치를 강하게 했구나'라는 사실을 받아들였다. 그리고 그들의 제안이 몹시 궁금해졌다.

    그들은 손잡이를 얇게 만들어 자연스럽게 힘이 덜 들어간다고 했다. 그리고 활성탄 솔의 끝을 둥글게 깎아 세정력은 높이고 잇몸 손상을 줄인다고 했다. 마지막으로 특허받은 활성탄이 치아의 변색 물질을 제거해 미백효과를 가져다준다고 했다. 나는 이들의 제품이 '기존의 불편함'을 개선함은 물론, '치아 미백을 칫솔에 접목한 새로운 기술'이라는 점에서 높은 점수를 주고 펀딩을 했다. 결과적으로 '메가스마일'은 많은 이들의 펀딩을 받아 성공적으로 출시를 했다.

    기존에 없던 기능들이 추가된다고 무조건 성공으로 이어지는 것은 아니다. 혁신적인 첨단기술이 개발되어 초기에 홍보를 하더라도, 그 기술이 대중들에게 확산되지 못하고 정체를 겪는 것을 '캐즘(Chasm)'이라고 한다. 전기자동차가 개발되어 '얼리어답터(Early-adopter)'들이 우선적으로 이용을 하고 있으나, 부족한 배터리 용량

및 충전시설 등으로 인해 대중에게 확산되지 못하고 정체되는 과정 역시 캐즘이라 할 수 있다.

내가 마케팅을 담당하는 브랜드에서도 비슷한 사례가 있다. 일본 신체보호대 '반테린 서포터'를 우리나라 시장에 처음 출시할 때였다. '테이핑 요법이 적용된 신개념의 신체보호대'라는 콘셉트의 제품이었다. '테이핑 요법'이란 운동선수가 부상 방지를 위해 관절과 근육에 테이프를 감는 요법을 뜻한다. 일반인이 직접 하기에는 어려운 테이핑 요법을 '보호대 착용'만으로 관절과 근육에 적용시킬 수 있었기 때문에 일본에서는 엄청난 인기제품이었다. 한국에서는 약국으로 유통경로를 정했고, 소비자 판매가격도 일본과 유사하게 2만 원으로 설정했다.

'반테린 서포터' 출시 시점인 2014년에는 대구 지역의 약국을 대상으로 직접 영업 활동을 전개했다. 당시 약국에서 판매되는 신체보호대는 두꺼운 굵기에 '움직임을 최소화'하는 정도의 제품들이 대다수였다. 판매 금액대는 가장 비싼 제품이 1만 원 정도였기에 국내 제약회사들은 물론, 약사님들도 보호대에는 크게 관심을 갖지 않았다.

영업을 위해 처음으로 약국에 방문해 보호대를 소개했다. 약사님은 시큰둥한 반응을 보이며 가격부터 물어보셨다. 2만 원이라는 말에 다급히 손사래를 치셨다. 그렇게 비싼 제품은 이 동네에서 안 팔린다고 하셨다. 의욕만으로 접근했다가 많은 약국에서 거절을 당했다. 제품에서 가장 중요한 포인트인 '테이핑 요법'도 말로만 전달하니 약사님들은 외면했다.

방법을 바꾸어야만 했다. 실제로 손목에 테이핑 요법을 한 사진과 반테린 서포터를 착용한 사진을 함께 배치해 출력물로 만들었다. 실제 테이핑의 사진부터 보여드리니, 약사님들은 기존에는 보지 못했던 제품임을 감지하기 시작했다. 그리고 손목에 바로 샘플 제품을 채워드렸다. 손목에 테이핑 기능이 적용됨을 몸소 느끼고, 두께는 얇은데 탄력이 있는 재질을 직접 확인하니 고민을 하기 시작했다. 제공될 진열대의 이미지를 보여드리고, 환자들이 스스로 샘플을 착용해볼 수 있는 구조에 대해 설명해드렸다. 여기에 확신이 드셨는지 바로 계약이 체결되었다.

소비자들도 보호대 착용만으로 테이핑 요법을 손쉽게 할 수 있다는 점에서 매우 반가워했다. 게다가 두께가 매우 얇아서 보호대 위에 옷을 입어도 불편함이 없다는 반응이었다. 새로운 기능에 대해 소비자가 직접 샘플을 착용해보게 함으로써 편익을 실감하게 만든 사례였다. 약사님들 사이에서 입소문이 난 '반테린 서포터'는 전국적으로 입점 문의가 증가하게 되었다. 이후 반테린 서포터는 전국 5,000개 이상의 약국에 입점되며 연간 50억 원 이상의 매출을 달성하게 되었다.

팔리는 제품에는 팔리는 분명한 이유가 있다. 브랜드가 유명해서, 내가 존경하는 사람이 추천하기 때문이라서, 새로운 제품이라서, 그리고 다른 사람이 다 쓰는 제품이라서 등 팔리는 이유는 다양하다. 소비자가 여러분의 제품을 사야 하는 이유는 무엇인가? 그리고 그 이유를 효과적으로 드러내고 있는가? 우리는 우선적으로 이 질문에 대답을 할 수 있어야 한다. 아무 이유 없이 태어난 제품은 없다. 여러분이 위탁으로 공급을 받는 상품에도 분명한 차별화 포인트는 있을 것이다. 여러분의 시각에서 직접 찾아내고, 동일한 제품 판매자들보다 더 효과적으로 드러낼 수 있어야 한다.

.

비즈니스에서 마케팅의 본질을 제대로 알기

우리는 '마케팅'이라는 단어를 어렵지 않게 사용하고, 어디서나 쉽게 접한다. 그러나 "마케팅이란 무엇인가요?"라는 질문에 망설임 없이 쉽게 대답할 수 있는 사람은 흔하지 않다. 대부분의 사람들이 '광고'나 '프로모션'만 생각을 하고 이야기한다. 그리고 온라인 사업을 하시는 분들은 키워드 광고나 인스타그램, 블로그와 같은 SNS를 통해 홍보하는 것을 마케팅이라 생각한다. 마케팅을 생업으로 하시는 분들은 어떨까? 많은 마케터가 '뭔가 더 있어 보이고 멋지게 말해야 한다'는 생각에 사로잡혀 이상한 대답이 나오곤 한다.

필립 코틀러(Philip Kotler) 교수는 "마케팅이란 이익을 내면서 욕구를 충족시키는 것이다"라고 정의했다. 미국마케팅학회 AMA(American

Marketing Association)는 "마케팅은 개인이나 조직의 목적을 충족시켜줄 교환(exchange)을 창출하기 위해서, 아이디어 재화 서비스를 고안하고, 가격을 결정하며, 촉진과 유통을 계획하고 실천하는 과정이다"라고 정의한다. 또한, 한국마케팅학회 KMA에서는 "마케팅은 조직이나 개인이 자신의 목적을 달성시키는 교환을 창출하고 유지할 수 있도록 시장을 정의하고 관리하는 과정"이라고 정의하고 있다.

나는 이들을 종합해서 마케팅이란 '고객을 만족시키면서 나의 이윤까지 창출하게 만드는 모든 경영 활동'이라고 정의하고 싶다.

모든 경영 활동에 의사 결정을 내려야 하는 것이 '마케팅'이기 때문에, 모든 비즈니스가 곧 마케팅이라 할 수 있겠다. 그렇기 때문에 마케팅 활동을 단순히 '판매'와 '광고' 활동에만 초점을 맞추어서는 안 된다. 폭넓게는 브랜딩과 같은 기업의 이미지 제고 활동도 마케팅 활동에 속하기 때문이다.

1장에서 효과적인 마케팅 활동을 위한 시장 조사 방법 3가지를 소개했다. 3C 분석, SWOT 분석, STP 전략이다. 잘 기억이 나지 않는다면 다시 한번 찾아보라. 만일 당신이 시장 분석을 열심히 해서 타깃 고객과 목표 시장을 설정했다고 하면, 다음과 같은 단계로 넘어갈 수 있다.

당신이 완벽한 시장 분석을 통해 '제품'을 개발했다고 가정하자.

그것도 소비자의 필요나 욕구를 충족시켜줄 수 있는, 아주 혁신적인 제품이다. 무조건 잘될 것 같은 기대감에 여러분은 엄청 흥분하겠지만, 고객은 그 제품의 존재를 모른다. 우리 제품이 새로운 기능을 탑재해 출시했다는 사실을 널리 '알려야' 한다. 그리고 그 제품을 '어디서' 팔아야 효과적일지도 생각을 해야 한다. 마지막으로 제품 개발에 투입된 비용을 회수하고 만족스러운 이윤을 얻기 위해 적절한 '가격'을 책정해야 한다. 이를 마케팅에서는 4P(Product(제품 전략), Price(가격 전략), Place(유통 전략), Promotion(판매촉진 전략)) Mix 전략이라고 한다.

사실 이러한 개념은 마케팅을 조금만 공부해보면 쉽게 알 수 있는 개념들이다. 이런 기초적인 개념을 상세하게 풀어서 알려주는 것에 대해 불편함을 느끼는 독자도 있을 것 같다. 하지만 여러분 중 상당수는 알면서도 실천하지 않는다. 그리고 이것을 깊게 생각하려는 시도조차 하지 않는다. 오로지 자신의 '감'을 믿고 직진한다.

어떤 사람은 인스타그램에 자주 나오는 광고를 보고, 트랜디한 제품일 것 같아 자신도 판매에 뛰어든다. 또 어떤 분은 키워드 검색량만 대충 분석하고, 1~2가지의 키워드만 장악하면 잘 팔릴 것이라는 생각으로 판매에 뛰어든다. 그리고 이러한 사람들은 CPC 광고나 페이스북 광고만 잘하면 유입과 구매 전환이 늘어날 것이라는 생각을 한다.

이는 상당히 위험한 생각이다. 상대방이 쉽게 판매하는 것 같아 보여서, 나도 쉬울 것이라는 생각을 하면 안 된다. 남이 하는 게 쉬워 보이는 이유는, 그들이 그만큼 많은 시행착오를 겪고 비용을 투입했기 때문이다. 그리고 마침내 쉬운 단어로 소비자를 끌어당기는 노하우를 터득한 사실임을 간과해서는 안 된다. 보이는 부분만 따라 해서는 절대로 성공할 수 없다. 이럴 때는 유튜브의 '키워드, SNS 광고 세팅 방법' 영상만 보고 있어서는 안 된다. 지금부터라도 내 사업의 4P 전략을 하나하나 수립해보자.

사업의 전략을 단계별로 세운다는 것은 쉬운 일이 아니다. 그리고 조사를 해야 하는 것도 많아 매우 귀찮은 일이기도 하다. 그래서 많은 사람들이 쉬운 방법으로 가려는 유혹에 자주 빠진다. 유튜브를 보면 '마케팅, 이것만 알면 매출 100% 성장'과 같은 자극적인 섬네일을 볼 수 있다. 그러나 막상 영상을 보면 '이것'에 대한 내용은 없다. 의미 없는 잔기술만 알려줄 뿐이다. 몇몇 사람은 '이런 기술만으로 대박 성공을 했다니! 나도 금방 성공할 것 같아!' 하며 '가슴이 벅차다'라고 댓글을 단다. 영상을 보고 있자니 그렇게나 마음이 편할 수가 없을 것이다. 그리고 여기저기 '좋아요'와 '구독'을 눌러주며 타인의 성공에 시간을 투자한다. 결국, 그들은 사업의 계획조차 수립하지 못한 채, 유튜브만 보고 있게 된다.

마케팅의 성공에 한 가지 방법이란 없다. 만일 한 가지 요소가 있다고 해도, 그것은 모든 단계에서 준비가 완벽하게 이루어졌을 때나 가능한 이야기다. 과거부터 마케팅은 실패의 확률을 낮추기 위해 수많은 기법과 전략들을 탄생시켜왔다. 변수가 많기 때문에 이것도 분석해야 하고, 저것도 분석해야 한다. 수많은 마케터들이 팔면 팔수록 좌절하게 되는 것이 이러한 이유 때문이다.

동기부여 전문가 데니스 웨이틀리(Denis.E.Waitley) 박사는 이렇게 말했다. "대부분의 사람들이 자신이 설정한 목표를 결코 달성하지 못하는 이유는 목표를 명확히 정의하지 않았거나, 그 목표를 이룰 수 있을 것이라는 믿음을 갖지 않았기 때문이다. 승자들은 자신이 어디로 가고 있는지, 그 길을 가면서 무엇을 할 계획인지, 그 모험을 누구와 함께할 것인지 말할 수 있다."

부끄러운 과거지만, 나 역시 마찬가지였다. 아내의 온라인 창업에 힘이 되고자 마케터로서의 '감'만 믿고 상품 선정을 진행했다. 시장에서 원하는 제품이 무엇인지 분석조차 하지 않고, 팔 수 있는 제품을 공급받기만 희망했다. 가격도 공급자가 지정한 대로만 설정했고, 스마트 스토어 외에 다른 마켓은 입점이 불가했다. 판매가 되어도 이윤이 거의 없었기 때문에 광고를 진행하는 것도 불가능했다. 제품, 가격, 유통, 프로모션, 그 어떠한 것도 내가 계획한 부분이 없는데 잘될 리가 없었다.

3개월 동안 매출은 정말 손에 꼽을 정도로만 발생했다. 나는 퇴근 후 간간이 실적만 살펴보았는데 굉장히 처참했다. 아내도 지쳐가니 점점 신경을 쓰지 않게 되었다. 많은 사람들이 부업으로 온라인 창업에 뛰어들어도, 상당수가 떨어져나가는 이유가 바로 이거구나 싶었다.

무자본으로 사업을 영위하겠다는 생각을 버리고, 우리만의 제품을 만들겠다고 결심한 것은 정말 탁월한 선택이었다. 위탁판매로도 엄청난 수익을 창출한 영웅들이 유튜브 영상 속에 수없이 존재했으나, 결국 우리의 이야기는 아니었다. 나는 아내에게 시스템을 만들어주어야만 했다. 사람들이 알아서 찾아오게끔 만들며, 주문과 배송까지 한 번에 알아서 진행되는 그런 시스템 말이다. 나는 이것이 마케팅의 본질이라고 지금도 생각한다. 그리고 수많은 시행착오 끝에 그 시스템을 만드는 데 성공했다. 아내는 현재 짧은 시간과 간단한 노력만을 들이며 스토어를 혼자 운영하고 있다.

마케팅은 단기적인 판매를 위한 노력이 아니라, 장기적인 투자 노력이다. 그렇기 때문에 나의 제품에는 육성 계획과 목표가 있어야 한다. 당신의 '감'은 현재 단계에서는 필요하지 않다. 그리고 뛰어나지도 않다. '감'을 믿지 말고 '가설'을 세워야 한다. 그리고 시장 분석과 4P Mix 전략을 세우면서 검증해야 한다. 열심히 세운 계획을 바탕으로 제품을 출시해도, 또다시 많은 전략 수정을 해야 할 것이다. 그러나 계획을 세우고 진입을 했을 때와 무계획으로 진입한 것은 차이가 상당히 크다. 전자는 시장 상황에 따라 계획을 어느 방향으로 수정해야 할지 보일 것이다. 그러나 후자는 방향을 잃고 좌초한다. 방향을 잃은 자는 또다시 유튜브의 잔기술 소개 영상에 의존하게 된다.

가장 중요한 것은 제품에 대한 자신감이다

 "제품이 좋으면 마케팅을 할 필요가 없다"라고 미국 크라이슬러의 회장이었던 리 아이아코카(Lee Iacocca)는 말했다. 진짜 마케팅을 안 해도 된다는 말이 아니라, 그만큼 마케팅에서의 '제품'은 매우 중요한 요소임을 뜻한다.

 앞서 말한 4P Mix 전략은 하나하나가 다 중요한 요소임에는 분명하나 나는 그중에서 특히 '제품 전략'이 가장 중요하다고 믿는다. 모든 전략의 기초는 제품에서 시작되기 때문이다. 더 나아가 '제품'은 '브랜드'의 가치를 담는 중요한 그릇이 된다.

 우리는 어떻게 하면 목표 시장에서 경쟁사보다 더 나은 제품을 '소싱(Sourcing)'할 수 있을까? 경쟁사보다 차별화된 제품을 위해서 다양한 측면에서 생각해볼 수 있다. 제품의 종류, 디자인, 기능, 성능, 품질, 내구성, 포장, 크기나 규격 등 물리적인 측면에서 차별화를 꾀할 수 있다. 또한, 품질보증이나 고객 상담, 고객 관리, A/S, 주문의 용이성 등 서비스 측면에서도 찾을 수 있다.

제품 차별화를 위해서는 내가 목표로 하는 시장을 면밀하게 살펴보아야 한다. 경쟁제품들은 어떤 것이 있는지, 디자인은 괜찮은지, 사용하기에 편리한지, 소비자 리뷰에서 고객들이 경쟁품의 어떤 부분을 좋아하고 만족해하는지, 그리고 불만은 무엇인지, 다양한 관점에서 살펴보아야 한다. 온라인에서 직접 눈으로만 판단할 것이 아니라, 몇 가지는 실제로 구매해 직접 사용해보아야 한다. 이렇게 다양한 분석을 마치게 되면, 이 시장의 제품들이 어떠한 점이 개선되고 보완되어야 하는지 조금씩 눈에 보이기 시작할 것이다.

분석만큼이나 중요한 것이 바로 '자신감'이다. 아무리 다양한 분석과 세부 전략까지 완성해도, 막상 실행 직전 단계에 가면 우물쭈물하기 십상이다. 이는 개인뿐만 아니라 기업에서도 늘 범하게 되는 좋지 못한 현상이다. 성공에 대한 확신이 없기 때문에, 실행은 못 하고 계속해서 기획서만 수정한다. 그러다가 때를 놓치게 된다. 나는 모든 소비자들의 관심이 사라진 시장에 뒤늦게 출시한 '뒷북'

제품을 수없이 보아왔다.

여러분의 마케팅 활동은 '양궁 결승전'이 아니다. 첫발부터 정확하게 과녁에 맞출 수도 없으며, 거기에 연연할 필요가 없다. 여러분만의 계획이 수립되었다면, 정확하게 조준하는 데 필요 이상의 시간을 쏟을 필요가 없다. 대신, 최대한 자신감을 갖고 빠르게 쏴야 한다. 쏘고 난 후 과녁에서 빗나갔다면, 틀어진 방향대로 다시 조절하면 되는 것이다.

명심하라. 계획이 수립되었다면 자신감 있게 쏘는 거다. 제품이 출시된 이후 여러분은 최대한 그 제품이 잘 팔릴 수 있도록 노력을 하면 되는 것이다. 만약 시장에서 보완해야 할 문제들이 보인다면, 다음 생산분부터 개선시켜 생산하면 되는 것이다. 요즘처럼 트렌드가 빠른 시장에서는 정확하게 과녁을 맞힐 수가 없다. 빠르게 출시하고 개선점을 찾는 데 집중해야 한다.

내가 마케터로서 첫 이직을 했을 때, 해결해야 할 첫 과제가 있었다. 감기약 브랜드의 라인업 제품으로서, '나잘 스프레이'를 개발해야만 했다. '나잘 스프레이'란 콧속의 염증이 부어올라 코가 막히는 증상을 해결하기 위해, 약물을 내부로 분사해 염증을 가라앉히는 제품이었다. 사실 그때까지만 해도 나잘 스프레이는 '비충혈 제거' 목적의 스테로이드성분이 대세였으며, '내성'의 위험성으로 인해 약사들이 취급을 꺼리는 제품이었다. '1차 고객인 약사님들이 꺼리는 제품을 내가 과연 개발할 수 있을까?' 걱정이 앞서기 시작했으나, 해결해야만 했다.

시중의 많은 나잘 스프레이를 구입해 직접 뿌려보며 연구했다. 보통 의약품에서 차별화를 갖추기 위해서는 성분함량이나 용량을 증대하는 방법이 일반적이었다. 그러나 '내성'을 걱정하는 고객들에게 함량 증대는 큰 의미가 없었다. 마케팅 기획을 마무리하기로 한 날짜는 점점 다가왔고, 나는 초조해지기 시작했다. 이직 후, 첫 개발을 담당하는 제품인데 망치고 싶지 않았다. '어차피 약사님들이 적극적으로 권하지 않는 제품이라면?' 나는 해답을 생각했다.

제품을 2가지 라인업으로 생산하겠다고 결심했다. 하나는 코의 염증을 가라앉히는 콘셉트의 제품이었고, 또 하나는 건조한 코를 세척하는 콘셉트의 제품이었다. '막힌 코 뚫기'와 '찝찝한 코 세척하기'로 소비자에게 '코 질환'에 대한 2가지 프레임을 설정해, 소비자가 직접 해결 방안을 선택하도록 만들겠다고 결심했다. 최초의 시도였기에 상사와 영업사원들을 설득하는 데 많은 시간이 들었다. 그리고 소비자를 2가지 프레임에 가두기 위해, 눈에 띄는 진열대를 만들었다. 그리고 모든 디자인은 '코'를 나타내는 데 집중했다.

〈출처 : 대원제약 콜대원 브랜드페이지〉

　이 전략은 내부에서 많은 반발에 부딪혔다. 디자인은 장난 같다
는 의견이 많았으며, '제품력으로 승부할 생각이 없는 것 같다'라는
등의 비난을 받았다. 하지만 나는 자신 있었다. 질환이 있는 환자
는 제품의 스펙보다 '이 제품이 내 증상을 해결해주는가?'에 더 신
경을 쓴다는 것을 나는 알고 있었다.

　출시 후, 결과는 성공적이었다. 영업사원들은 약사님들에게 길게 설명할 필요도 없이 '진열대' 이미지만 보여주고도 납품에 성공했다. 약사님들도 환자들에게 나잘 스프레이를 권할 때 많은 어려움이 있지만, 이 진열대가 그 수고를 덜어줄 것이라는 확신이 들었다고 한다. 이후 코 질환이 있는 소비자들은 이 진열대만 보고, 자신의 증상에 맞는 제품을 알아서 구매했다고 한다.

여러분은 판매하는 제품에 대한 확신이 있는가? 경쟁사에서 취급하는 상품보다 내 제품이 더 좋다고 고객에게 어필할 수 있는가? 여러분은 자신의 상품에 대한 철저한 분석이 필요하며, 반드시 그 분석에서 차별화를 할 수 있는 포인트를 발견해내야 한다. 그리고 그 매력적인 포인트를 자신감 있게 소비자들에게 어필할 수 있어야 한다. 만일 소비자가 요구하는 필요나 욕구에 충족시키지 못하더라도 상관없다. 시장에 맞게 개선해나가면 된다. 만약 여러분이 시장의 요구에 100% 충족시키지 못한다고 할지라도, 소비자는 여러분의 자신감 있는 제품 소개에 호기심을 갖고 끌리게 될 것이다. 가장 중요한 것은 판매자가 상품에 대해 자신감을 갖는 것임을 명심해야 한다.

고객의 결핍에서 답을 구하라

"관찰은 전부다. 눈으로 볼 수 있는 것에서 시작해라. 그리고 눈으로 발견할 수 있는 것에서 배워라." 천재적인 미술가이자 과학자였던 레오나르도 다빈치(Leonardo da Vinci)가 남긴 말이다. 최고의 미술작품을 위해서는 날마다 밖으로 나가서 흥미로운 것들을 관찰하고 발견해 자세하게 기록하라고 했다. 그는 이러한 관찰을 통해 뛰어난 작품들을 남겼고, 통찰력 있는 미술가로 현재까지 칭송받고 있다.

마케팅에도 이러한 관찰이 필요하다. 고객을 유심히 바라보면 이전에는 쉽게 보이지 않던 것이 보이기 시작한다. 고객이 제품을 사용하는 모습, 핸드폰으로 쇼핑을 하는 모습, 판매원과 상담을 하는 모습, 마트에서 카트에 상품을 담는 모습, 그리고 할인이나 적립을 꼼꼼히 챙기는 모습 등 우리는 고객의 다양한 모습을 깊이 살펴보아야 한다.

단지 기능이 향상되거나 새롭게 추가되었다고 해서, 소비자가 당장 구매해주기를 기대해서는 안 된다. 소비자들은 자신이 불편해하거나 모자란 것을 제품이 해결해줄 수 있는가를 따진다. 그리고 그러한 '결핍'을 해결해주는 제품을 구매한다. 그러나 정작 소비자들은 스스로가 어떤 결핍이 있는지 잘 모를 때가 많다. 이러한 숨겨진 결핍을 찾아 제품으로 해결 방안을 제시해줄 때, 소비자는 열광한다. 소비자가 노골적으로 드러내는 불편함은 발견하기 쉽다. 그러니 우리는 꾸준한 관찰을 통해 소비자의 숨겨진 결핍을 찾아내어야 한다.

'숨겨진 결핍'의 해결로 성공한 제품은 무수히 많다. 몇 년 전까지만 해도 우리는 이어폰을 사용하는 데 큰 문제는 없었다. 그러나 무선이어폰이 출시된 후 판도는 완전히 달라졌다. 퇴근 시간에 붐비는 지하철에서 관찰을 해봐도 줄이 달린 이어폰을 사용하는 사람은 매우 찾기 힘들다. 간혹 누가 줄이 달린 이어폰을 사용하고 있다면, 주변 지인들이 "아직도 그 불편한 것을 써?"라고 말할 정도다. 분명 얼마 전까지만 해도 줄 이어폰을 불만 없이 잘 쓰던 사람들이었다. 그러나 자신들도 몰랐던 '숨겨진 결핍'이 무선 이어폰을 통해 여실히 드러나게 되었다. 향후 모든 수요는 여러분도 알다시피 무선 이어폰으로 넘어가게 되었다.

관찰은 소비자의 숨겨진 결핍을 발견하게 해주고, 제품의 가치를 높이게 한다. 기존 제품의 기능만으로 큰 불편함을 모르고 살았을지라도, 새로운 기능이 불편함을 더 크게 해소해준다면 고객은 열렬히 환호한다. 그리고 그 새로운 기능이 탑재되지 않은 제품에 대해서는 '불편한 제품'으로 인식하기 시작한다.

우리가 자동차를 탈 때, 날씨가 더우면 에어컨을 켜고 추우면 히터를 켠다. 차량 내부의 온도를 적정하게 변화시켜주기 때문에 우리는 큰 불편함을 모르고 지내왔다. 그러나 오랜 시간 소비자의 결핍을 관찰해온 한 기업은 자동차 시트에 '열선'과 '통풍' 기능을 추가해 시장에 내놓았다. 에어컨이나 히터의 바람이 운전자의 등이나 엉덩이까지 닿지 못하는 것을 알았고, 그로 인해 땀이 차거나 시린 불편함을 관찰했기 때문이다. 현재는 열선 시트와 통풍 시트가 없는 차는 상상도 하기 싫을 정도다.

기업의 마케팅 부서도 소비자의 숨겨진 결핍을 찾아내기 위해 많은 노력과 비용을 쓴다. 대규모 설문조사를 진행해 평균적인 행동양식을 파악하거나, 좌담회를 통해 심층 분석을 하기도 한다. 그리고 직접 현장으로 나가 관찰도 하며 어떠한 결핍이 있는지 조사한다. 많은 기업이 이러한 노력을 하지만, 그 숨겨진 결핍과 해결 방안을 찾아내기란 쉽지가 않다.

당신은 개인이다. 몇 명의 직원이 있다고 해도 소비자의 결핍을 찾는 업무를 위해 고용된 직원은 아닐 것이다. 그렇기 때문에 당신이 혼자 소비자의 큰 결핍을 찾아내기란 매우 어려운 일이다. 따라서 '대단한' 결핍을 찾으려고 노력할 필요는 없다. '대단한' 결핍에는 '대단한' 해결책이 필요하다는 것을 잊지 말라. 꾸준한 관찰을 통해 작은 결핍부터 찾아나가야 한다.

여러분은 판매할 상품을 선정할 때, 경쟁사 제품의 '구매 리뷰'를 잘 관찰해야 한다. 리뷰를 관찰하는 것은 개인이 온라인에서의 소비자 결핍을 찾아내는 데 가장 중요한 요소다. '정제 크기가 먹기에 조금 컸어요', '효과는 좋은데, 냄새가 조금 올라오는 거 같아요', '매일 사용하고는 있는데, 뚜껑 열기가 생각보다 힘드네요' 등 어떠한 의견이 있는지 파악해야 한다.

단지, 눈으로만 훑어보는 것으로 끝내면 안 된다. 엑셀을 활용해 소비자가 남긴 의견들을 최대한 수집해야 한다. 그리고 의견들을 '삼키기 어려운 크기', '올라오는 냄새', '뚜껑의 불편함' 등으로 크게 구분해서 어떤 불편함이 가장 많았는지 확인해야 한다. 그리고 반대로 제품의 어떤 점이 가장 마음에 들었는지도 같은 방법으로 조사해보라.

당신이 만약 '근육의 피로를 풀어주는 마사지 크림'을 조사한다고 가정하자. 경쟁업체 제품의 리뷰를 분석해보니 '크림을 바른 부분이 후끈해지는 게 너무 좋았다'라는 긍정적인 의견이 제일 많았다. 반대로 부정적인 의견은 '향이 너무 강하고 자극적이었다'라는 내용이었다. 그러면 당신은 소비자의 결핍을 발견한 것이다. 그리고 이제 '냄새를 줄이거나 순한 향기가 나는, 더 후끈한 마사지크림'을 찾거나 개발하면 된다. '나는 화학 전공자가 아니라서 냄새를 없애거나 후끈하게 하는 방법을 모르는데?'라는 걱정은 할 필요가 없다. 제품에 표기된 제조사로 전화해 개선된 제품으로 생산이 가능한지 물어보면 된다.

실제 제품을 개발할 때는 신중하게 더 많은 것을 고려해야 하겠지만, 결핍을 찾는 기초적인 방법으로 이러한 예시를 간단하게 들었다. 그만큼 리뷰를 관찰하는 일은 중요하다. 사람을 직접 만날 수 없는 온라인이라는 시장에서, 구매 리뷰만큼 솔직한 의견도 없다. 간혹, 판매업자가 대행사를 통해 의도적으로 가짜 리뷰를 생성하는 경우도 있다. 가짜 리뷰는 생각보다 걸러내기 쉽다. 단점에 대해서는 절대 이야기하지 않고, 영업사원처럼 제품의 기능에 대해

조목조목 찬양하는 글이 보인다면 가짜 리뷰라고 생각하라. 보통 가짜 리뷰는 제품 출시 초반에 생성시키기 때문에 '최신순'으로 리뷰를 정렬해보면 된다.

마케팅에서는 관찰 대상을 '결핍'에만 국한시키지 않는다. 소비자가 불안하게 느끼는 요소, 시대에 따른 행동 패턴의 변화 등 관찰의 대상은 넓다. 고가의 제품일수록 소비자는 구매 전 불안요소가 많아진다. 주택과 자동차는 물론, 가전기기나 사치품을 구매할 때도 불안요소는 많다.

'명품'에 대한 수요는 늘 높았다. 명품은 과시를 위한 제품으로, 누구나 쉽게 가질 수가 없었다. 드러내기를 좋아하는 인간의 욕망은 명품 시장의 수요를 계속해서 키워왔다. 이후 온라인의 발달로 국가 간의 경계가 허물어지고, '해외직구'라는 시스템이 생겨났다. 해외직구는 제품의 유통경로를 대폭 축소시켰고, 그로 인해 더 저렴한 금액으로 편리하게 제품을 구매할 수 있게 되었다.

이러한 시스템이 '해외명품'에도 적용되기 시작하자, 사람들의 숨겨왔던 욕망이 폭발하기 시작했다. 백화점과 동일한 명품가방을 해외직구로 구매하면 몇십만 원을 더 저렴하게 살 수 있으니 사람들은 절호의 기회라고 생각한다. 그러나 막상 구매하려 하면 불안한 마음이 생긴다. '과연 정품일까? 믿을 수 있는 사이트인가? 돈만 받고 물건은 안 보내지 않을까?' 등 많은 불안감에 휩싸인다. 최근에 이러한 소비자의 '불안요소'를 해결해주는 기업들이 많이 등장하고 있다. '트랜비', '발란'과 같은 기업이 '정품 보장', '빠른 배송'을 외치며 공격적으로 광고를 하고 있는 것도 그러한 불안요소를 해결하기 위함이다.

우리는 고객의 결핍에서 답을 구해야 한다. 고객 스스로도 잘 모르고 있는 결핍을 발견하기 위해서는 관찰이 필요하다. 계속해서 면밀하게 관찰하다 보면 분명 보이지 않던 것이 보이기 시작한다. 개인도 온라인 시장에서 충분히 고객의 결핍을 관찰하고 발견할 수 있다. 그 기초가 되는 것이 소비자의 리뷰라고 생각한다. 그들의 리뷰는 솔직하게 작성된다. 그리고 상세페이지만으로는 알 수 없는 제품의 장단점을 리뷰를 통해 알 수 있다. 우리는 그 리뷰를 통해 결핍을 발견하고, 어떠한 방향으로 해결책을 제시할지 준비해야 한다.

조급함은 부족함에서 시작된다

아내가 온라인 스토어를 개설하고 얼마 뒤, 운이 좋게도 유명 수입 유산균 제품을 한정수량으로 공급받은 적이 있었다. 워낙 유명한 제품이었기에, 제품이 등록되자마자 주문이 발생하기 시작했다. '역시 브랜드의 파워는 대단하구나!' 새삼 느끼게 되었다. 주문이 들어오니 아내와 나는 욕심이 커져만 갔다. '물 들어올 때 노 젓는다'고, 더 많이 더 빨리 판매하고 싶었다. 이렇게만 계속 판매된다면 금방이라도 부자가 될 것만 같았다.

3일 동안은 주문이 잘 들어오다가, 갑자기 속도가 확 줄어들었다. 이유가 궁금해서 내 제품의 검색 결과를 살펴보았다. 똑같은 제품을 경쟁사가 나보다 2,000원 더 낮은 가격으로 판매하고 있었다. 다음 날은 다른 판매자가 1,000원 더 할인해 판매했다. 고객을 다 빼앗길 것만 같은 불안감이 들었고, 우리는 조급해지기 시작했다.

신규 판매자는 계속적으로 진입했고, 판매가격은 매 시간마다 10원 단위로 내려갔다. 점차 밀려나는 우리 순위를 보며, 이대로는 안 되겠다 싶었다. CPC 광고를 통해 상위 순위로 진입했으며, 판매가는 최저가와 동일한 수준으로 맞추었다. 어느덧 시장 판매가는 원가 수준으로 내려갔지만, 다시 팔리기 시작했다는 사실에 안도했다. '이윤이 좀 덜 남으면 어때? 안 팔리는 것보다 낫잖아? 집에 재고가 남는 것은 위험한 일이야!' 조급함은 점점 나의 판단력까지 흐리게 만들고 있었다.

한창 최저가 판매에만 신경 쓰고 있을 때, 끝까지 초반 가격을 유지하고 있는 한 업체가 눈에 띄었다. 직접 촬영한 제품 이미지들은 꽤 고급스러워 보였고, 유산균과 함께 섭취하면 좋은 제품들을 상세페이지에 소개하고 있었다. 그리고 선물용으로 구입하는 고객을 위해 쇼핑백까지 사은품으로 제공하고 있었다. '아무리 그래도 그렇지, 지금 상황에 누가 저 가격에 구매하겠어?'라고 생각했다. 그러나 신기하게도 판매는 이루어지고 있었다. 빠른 속도는 아니었지만, 리뷰도 지속적으로 작성되고 있었고, 단골고객도 많아 보였다. 그래도 나는 끝까지 '빠르게 판매하는 것'이 더 좋다고 생각했다.

그렇게 3주간 치열한 경쟁을 하다 보니 모든 재고가 소진되었다. 한정적으로 받은 수량이다 보니 추가로 공급받을 수가 없었다. 나와 함께 최저가 경쟁을 벌였던 업체들도 일제히 '품절'을 내걸며 판매를 종료했다. 이익을 계산해보니 남는 게 없었다. 고객들에게 재구매를 하고 싶은데, 재고가 언제 다시 입고되냐는 문의가 많이 들어왔다. 이제 입고되지 않는 제품이라고 말할 수밖에 없었다. 결국, 그 경쟁에서 단골고객마저도 만들지 못했다.

이후 모든 고객은 어디로 향했을까? 제품을 직접 촬영하고 쇼핑백을 제공해주며, 판매가격을 유지했던 그 업체로 자연스럽게 넘어갔다. 자괴감이 심하게 몰려왔다. 나는 그때 왜 가격 경쟁에만 몰두했을까? 왜 초조한 기분을 참지 못했을까?

지금 생각해보면 나는 그때 조급할 수밖에 없는 상황이었다. 판매 제품의 브랜드 파워만 믿고 제품만 등록한 것이었다. 내 스토어에서 구매했을 때의 장점이나 혜택은 아무것도 나타내지 못했다. 멋진 연출 사진도, 제품에 대한 자세한 설명도 없었다. 오로지 '가격' 말고는 아무것도 준비된 것이 없었다. 단순히 저렴한 가격 때문에 팔리기 시작했던 것이, 나에게 큰 독이 되었던 것 같다. 나는 그때 나의 실력 때문에 팔린 것으로 단단히 착각했다.

대다수의 사람들은 경쟁자에게 추월당하기 시작하면 어쩔 줄 몰라 하며 초조해한다. 경쟁업체가 100원만 할인해도 화가 나고 온갖 불안한 상상을 한다. 스스로 준비가 안 되어 있고 부족함을 알고 있기에, 어떻게 대응해야 할지 몰라 불안감은 심해진다. 그렇게 조급함이 쌓이다 보면 할인의 늪에 빠지는 치명적인 실수를 범하게 된다.

우리는 사업을 장기적인 관점에서 바라보아야 한다. 우리가 힘들게 준비한 상품은 단기간에 팔아 치워야 할 물건이 아니다. 점점 더 많은 고객을 찾아오게 만드는 상품으로 키워나가야 한다. 이제 갓 세상에 나온 상품을 소비자가 몰라주는 것은 당연한 일이다. 그러니 우리는 아직 시간이 필요하다. 여러 가지를 반복적으로 시도해보고, 무엇이 부족했는지를 파악해야 한다. 그러한 경험들로 부족함을 채워나가야 한다.

'빈 수레가 요란하다'라는 속담이 있다. 자신의 상품에 대한 가치를 스스로 모르면, 무엇을 해야 할지 모르게 된다. 방법을 모르니 고객에게 강요만 하게 된다. 그리고 여기저기 돈을 써서 광고를 하며, 효과가 나타나지 않으니 판매가격을 낮춘다. 결국에는 '이 상품은 시장성이 없어'라고 판단해 또 다른 상품을 준비한다. 고객에게 전달해야 할 가치를 모르면, 이러한 악순환만이 반복될 뿐이다.

아직도 누군가는 이렇게 말한다. "사람들이 온라인에서 구매하는 이유는 무조건 싸게 사려는 이유뿐이다." 그러나 나는 '저렴하게' 사려는 것은 맞지만, '무조건'은 아니라고 생각한다. 사람은 같은 제품이면 당연히 더 저렴하고 최신으로 생산된 제품을 구매하려고 한다. 마트에 가서도 유통기한을 확인하고 행사제품이 무엇인지 확인하며, g당 가격까지 따지지 않는가? 이러한 심리는 온라인에서도 당연히 적용되는 것은 맞다.

그러나 우리가 여태까지 온라인에서 정말로 '최저가' 제품만 구매해왔는지 생각해볼 필요가 있다. 다음 상황을 가정해보자.

최근 인기 있는 냉동만두 제품을 온라인에서 구매하려 한다. 최저가로 판매하는 A업체에는 제품 사진 2장뿐이고 필수 표기사항만 기재되어 있다. 리뷰는 10개뿐이다. 시중 평균가격으로 판매하는 B업체는 냉동만두의 개발스토리가 상단에 보인다. 그리고 군만두, 물만두 등 다양하게 조리한 사진을 먹음직스럽게 연출했다. 그리고 어떻게 하면 만두를 맛있게 조리할 수 있는지에 대한 쉬운 설명도 있다. 마지막으로 만두와 함께 곁들이면 더 맛있는 제품들을 소개하며, 그것들을 추가로 구매할 수 있는 장치가 있다. 이 업체의 리뷰는 100개다.

당신이라면 위와 같은 상황에서 어느 업체의 제품을 구매하겠는가? 가격이 절대적이라 생각하는 사람은 최저가인 A업체를 선택할수도 있다. 그러나 많은 소비자는 A업체 제품보다 B업체의 제품이

'더 품질 좋은 제품'으로 인식한다. 정성스러운 상세페이지는 '제품에 대한 자부심'과 '나를 진심으로 대한다는 느낌'을 준다. 그리고 B업체의 제품은 리뷰 수가 많기 때문에 '많은 사람들이 경험하고 인정한 훌륭한 제품'으로 인식하게 되어 있다. A업체보다 높은 가격도 '합리적인 이유'로 받아들일 가능성이 크다.

조급함은 부족함에서 시작된다. 많은 사람들이 마케팅 활동에서 벽에 부딪히거나 뒤처진다는 느낌을 받았을 때, '가격 할인'을 해결책으로 생각하는 경향이 있다. 가격 할인 외에는 자신의 상품이나 서비스 측면에서 별다른 장점을 발견하지 못했기 때문이다. 그렇기 때문에 조급할수록 돌아가야 한다. 내 스토어의 강점과 약점이 무엇인지, 정확히 파악하고 대안을 만들어야 한다. 그리고 그것을 나의 상세페이지나 광고메시지에 명확히 나타나게 해야 한다. 이것은 하루아침에 이루어지지 않는다. 다양한 방법으로 시도해보고 고객의 반응을 살펴야 한다. 다소 시간이 걸리겠지만, 나를 진짜로 좋아해주는 고객을 찾는 방법은 그것뿐이다. 앞에서 예시로 든 냉동만두 B업체처럼 고객에게 사랑받을 수 있는 나만의 방법을 구상해보라. 사랑으로 가득 찬 배는 조급함에 흔들리지 않는다.

모든 사업은 마케팅이다

마케팅이란, 고객을 만족시키는 동시에 이윤까지 추구하는 모든 경영 활동을 뜻한다. 그러니 마케팅을 한다는 것은, 곧 사업을 한다는 뜻이라고도 할 수 있다. 우리가 사업을 구상하는 단계부터 소비자에게 판매를 완료한 이후까지도 마케팅 활동은 진행된다. 그렇기 때문에 마케팅 활동의 의미는 온라인 키워드광고 설정이나 인스타그램 계정에 팔로워 수를 늘리는 활동 정도로 함축되어서는 안 된다.

우리는 무엇으로 고객을 만족시키는 동시에 수익까지 창출할 수 있을까? 가장 중요한 것은 상품이다. 상품은 당신과 고객 사이에 거래가 되는 최소 단위의 재화다. 상품 없이는 시장도 고객도, 그리고 마케팅도 없다.

마케팅에 앞서 한번 생각해보자. 좋은 상품이란 과연 무엇일까? 어떤 방법으로 좋게 보여야 할까? 고객은 왜 내 상품을 좋아해야 할까? 내 상품을 좋아해줄 고객은 어떤 사람들일까? 그리고 그들에게 즐거운 쇼핑 경험과 기억을 제공할 수 있을까? 또 그들은 어떤 미래를 상상하며 내 상품을 구매하게 될까? 마케팅의 핵심은 이 안에 있다고 생각한다. 그러니 우리는 정말 진지하게 고민해야 한다.

안타깝게도 많은 사람들이 이러한 고민을 하지 않는다. 그리고 이미 알고 있다고 착각한다. 예전에 몇 번 진행해보았거나 다른 사람에게 들었던 몇 가지의 '노하우'만을 믿고 시장에 뛰어든다. 그 노하우로 고객을 충분히 리드할 수 있다고 자만한다. 그리고 실패의 이유를 광고 효율에서만 찾는다.

아내는 하루에도 수많은 광고대행사의 전화가 걸려온다고 한다. 한번은 솔깃한 제안인데 뭔가 찜찜하기도 해서, 나의 연락처를 넘겨주었다고 한다. 그들은 곧바로 내게 연락해 자신들을 네이버 공식 대행사라 소개하며 이렇게 말했다.

"지금 제품 순위가 매우 뒤쪽에 위치하고 있어요. 사실 이러면 판매가 잘 안 되거든요. 저희가 이번에 특별히 무료 컨설팅을 위해서 전화 드렸습니다. 저희가 상품을 보고 좋은 키워드들을 다 잡아 드립니다."

"네, 죄송합니다. 필요 없습니다."

"아니, 무료라고 하는데 왜 안 하신다고 하세요? 다른 대표님들은 저희 때문에 지금 다 상위 노출되고 매출이 엄청 오르셨어요. 이런데도 안 하시겠다고요? 대표님 돈 빠져나가는 일은 하나도 없다니까요?"

더 이상 듣고 있으면 욕이 나올 것 같아서 끊어버렸다. 고객을 거지 취급하며 접근하는 것도 화가 났지만, 내 상품이 무엇인지에 대해 언급조차 없으면서 효율부터 따지려고 하는 태도가 너무 괘씸했다. 차라리 '대표님의 상품을 제가 고객 입장에서 보았을 때, 이러한 점이 매우 끌렸습니다. 이 부분은 대표님이 의도하신 건가요? 만일 생각이 같으시다면, 저한테 이 부분을 더 효율적으로 알릴 방법이 있어 연락드렸는데 괜찮으실까요?' 이 정도로만 이야기해주었어도 나는 직접 미팅을 하러 찾아갔을 것이다.

불행하게도 많은 사업주가 저런 저질스러운 영업에 속아 넘어가고 있는 것이 현실이다. 처음해보는 사업에 정신도 없는데, 무료로 나를 위해 컨설팅을 해준다니! 충분히 흔들릴 수 있다고 생각은 한다. 그러나 만약 자신의 상품에 대해 많은 분석을 하고, 상품의 타깃 고객층은 누구이며, 어떻게 알려야겠다는 확신만 있었다면 속지 않았을 것이다. 상품에 대해 자신도 몰랐기 때문에, 1년 단위의 광고계약서를 쓰게 되고 소비자 커뮤니티에 '사기를 당했어요'라는 글을 올리게 된다. 참고로 네이버 협력사나 실력 있는 에이전시는 절대 먼저 전화를 걸지 않는다.

상품에 대한 고찰이 필요하다는 이야기를 하려다 보니, 저러한 과거의 사례가 잠시 나오게 되었다. 그만큼 내가 판매하는 상품에 대해 깊이 알지 못하면 고객뿐만 아니라 외부요인에 의해 휘둘릴 수 있다. 사업할 때, 우리의 돈은 소중하지 않은가?

'마케팅은 곧 사업'이라는 전제하에, 우리는 얼마의 예산을 마케팅에 투입할 것인가도 이야기할 수 있어야 한다. 당신은 이 사업에서 얼마의 예산을 투입해 어느 정도의 매출을 기대하고 있는가? 몇몇 예비 사업주들과 이야기해보면, 그들은 하고 싶은 것이 참 많다는 것을 알 수 있다.

"내가 만약 사업을 하면 인스타그램에도 광고를 조금 하면 될 것 같고, 블로그나 유튜브와 같은 곳에도 조금씩 광고하면 되지 않을까?"

열에 아홉은 이와 같은 이야기를 한다. TV광고만 아니면 다 저렴하게 집행할 수 있는 것으로 착각한다. 나도 초반에 그런 망상들을 해보았으니 이해는 한다. 얼마를 써야 할지 모를 뿐더러, '내 상품은 어떤 고객들이 좋아할까?'에 대한 고민을 충분히 해보지 않았기 때문이다. 누가 좋아할지 모르니 타깃 고객은 늘 대한민국 전체 인구다. 하지만 여러분의 상품을 모든 사람이 좋아할 수는 없다. 그리고 모든 사람이 알 수 있게 만들 예산도 없다.

'나의 타깃은 30대 여성이야'도 잘못된 타깃이다. 우리나라 30대 여성 인구가 몇 명인가 물어보면 절대 대답하지 못할 것이다. 우리는 성공적인 마케팅을 위해 과감하게 시장을 쪼개야 한다. '30대 여성 고객'이라는 단어 앞에는 '평소 무엇에 관심이 있고 어떤 활동을 주로 하는지, 어떤 상황에 적극적으로 대응을 하는지' 등의 내용이 포함되어야 한다.

타깃 고객의 범위가 확실해진다면, 여러분은 그들이 있는 곳으로 찾아가기만 하면 된다. 그리고 그들이 원하는 메시지만 던지면 된다. 큰돈을 들여 큰 목소리를 낼 필요도 없다. 오히려 작은 목소리에 더 반가워할 수 있다. 고객은 정형화된 서비스보다 개인 맞춤형 서비스에 더 환호한다.

우리의 고객에게 진실로 다가가기 위해서는 부지런하게 노력해야 한다. e커머스 전문 컨설턴트 박종윤의 《내 운명은 고객이 결정한다》에서는 "100명의 고객을 모집하기 위한 10번의 시도보다, 10명의 고객을 모으기 위한 100번의 시도가 더 낫다"라고 말한다. 비록 10명밖에 안 되는 적은 수의 고객일지라도, 정말로 내 상품을 원하는 10명을 모을 수만 있다면 아무개 100명을 모으는 것보다 훨씬 낫다는 소리다. 충성고객이 된 10명은 스스로 입소문을 퍼뜨려 더 많은 고객을 창출할 가능성이 크다. 그러니 우리는 고객을 찾아가는 것에 더욱 부지런히 노력해야 한다.

나도 현재 쓰고 있는 이 책이, 마케터의 직업을 꿈꾸는 취업준비생이나 온라인 창업을 시작하려는 예비창업자들에게 더 가까이 다가갔으면 한다. 나의 다양한 실패와 자그마한 성공 사례들이 그들의 귀중한 시간을 아끼며 실패를 줄여나가는 것에 분명 도움이 될 것으로 생각한다. 그런 의미에서 내게 책을 쓰도록 아낌없는 코칭을 해주신 한국책쓰기강사양성협회 김태광 대표님께 감사드린다. 경험이 많은 전문가의 진심 어린 코칭은 내가 빠른 시간 안에 원고를 완성하는 데 큰 도움이 되었다. 김태광 대표님은 이 분야의 일인자라 자부한다. 그리고 책에 담긴 나의 경험들도 많은 사람들에게 큰 도움이 되었으면 하는 바람이다.

'당신은 이 사업을 왜 하는가?' 마지막으로 우리는 이 사업의 본질에 대해 알아야 한다. 돈을 벌기 위해서? 물론 틀린 명분은 아니다. 그러나 그 이기적인 명분은, 하루하루 버티며 정년퇴직만 바라보는 직장인들도 내세우는 명분이다. 우리 사업의 본질은 고객에게 초점이 맞춰져야 한다. '나는 고객을 위해 어떤 일을 펼쳐나갈 것인가'를 생각해야 한다. 그리고 그 미션을 위해 어떤 가치를 제공할 것인지 함께 생각해야 한다. 그 '가치'가 제품에 온전히 담긴다면 그것은 곧 브랜드가 된다.

사업을 하다 보면 매 순간 어려움에 직면하게 되어 있다. 어려움에 흔들릴 때마다 여러분은 '내가 왜 이 사업을 시작했는지'에 대한 이유를 꺼내보아야 한다. 사업에 대한 이유가 확실하다면 여러분은 좌초되지 않는다. 많은 사업자들이 '부업'이라는 개념으로 가볍게 진입했다가 소리 소문 없이 사라진다. 그리고는 '역시 먼저 시작한 사람만 성공하는 곳이군'이라고 안타까운 착각을 한다. 늘 위기의 순간마다 자신을 일으켜 세울 수 있는 정확한 명분이 있어야 롱런한다. 사업은 결국 오래 살아남는 자가 이기는 것 아니겠는가?

왜 사람들은 차를 사고 난 뒤,
차 광고를 보게 될까?

지방의 어느 도매상에 출장을 갔을 때, 제품 프로모션에 관한 설명을 마치고 서울로 가려는데, 도매상의 영업사원분이 "오늘은 제 차로 이동하시죠?"라고 말하며, 기차역까지 본인의 차로 태워준다고 했다. 나는 고마움을 표현한 뒤 함께 주차장으로 향했다.

주차장에는 외관이 깨끗한 BMW 한 대가 세워져 있었다. 영업사원분이 차 문을 열자, 아직 뜯지 않은 비닐들이 여기저기 보였다. 그리고 뒷자리에는 BMW의 카탈로그와 자동차 관련 잡지들이 몇 권 보였다. 그는 차가 출고된 지 아직 2개월밖에 되지 않았다고 했다.

"사실 벤츠와 BMW 2가지 브랜드 중에 고민을 많이 했어요. 그리고 차가 한두 푼 하는 것도 아니니, 내가 이거 잘 산 것이 맞나 고민될 때가 많아요. 그래서 BMW 광고가 나오면 나도 모르게 계속 보게 됩니다"라고 했다.

아마 그날 영업사원분이 나를 기차역까지 태워주려고 했던 데는 새로 산 차를 자랑하고 싶은 마음도 있었을 것으로 생각한다. 그리고 그 자랑은 차를 구매했던 자신의 선택이 옳았다고 믿게 하는 행동 중의 하나였을 것이다.

사람들은 제품을 구매한 후, '과연 내가 잘 산 것인가?'에 대한 불안함을 느낀다. 그리고 그 제품의 가격이 비쌀수록 이러한 불안감은 커진다. 정말로 갖고 싶었던 자동차를 살 때는 몇 달에 걸쳐 이것저것 다양하게 알아본 후 구매한다. 그리고 인도된 차량을 받았을 때, '사길 잘했어!'라고 생각한다. 그러나 조금만 더 금액을 높이면 더 높은 등급을 살 수 있었을 거라는 생각, 또는 더 저렴한 자동차를 사고 남는 돈으로 저축을 할 수 있었을 거라는 생각 등 다양한 불안감에 휩싸인다. 이것을 마케팅에서는 '인지 부조화' 현상이라고 한다.

자동차를 구매한 사람들은 인지 부조화에서 오는 불안함을 극복하기 위해 그 차량의 광고를 보거나 유튜브에서 전문가가 내 차를 칭찬하는 영상을 보며 '역시 내 선택이 옳았어!' 하고 불안함을 해소한다.

나 역시 비슷한 경험이 있다. 4년 전, 갖고 싶었던 렉서스 차량을 구매한 후, 많은 불안한 생각이 들었다. 주변 친구들에게도 그 차를 사겠다고 이야기를 했기 때문에, 나는 최선의 선택을 한 것으로 스스로 믿고 싶었다. 불안함은 행동으로 이어졌다. 네이버에 수없이 검색하고 읽었던 리뷰와 기사지만, 구매하고 나서도 계속 읽게 되었다. 그리고 렉서스 카페 커뮤니티에도 가입해서 다른 회원들이 렉서스 차량에 대해 칭찬하는 글을 계속 보곤 했다. 또 TV에서 렉서스 광고가 나오면 채널을 돌리지 않고 끝까지 집중해서 보게 되었다.

이러한 행동들은 내 불안함을 조금씩 해소시켜주었고, 지금까지도 내 차량에 만족하고 있다. 그리고 주변인들에게도 렉서스에 대한 칭찬을 하고 다닌다.

이렇듯 사람들은 구매를 하기 전에만 상품 관련 정보를 찾는 것은 아니다. 관여도가 높은 상품일수록 구매 이후에도 계속해서 브랜드에 대한 정보를 적극적으로 구하게 된다. 이것은 판매자의 입장에서도 매우 중요하다. '한번 팔았으면 그만이지'라는 생각보다, 구매한 고객이 불안해하지 않도록 많은 조치를 취하며 관리해주어야 한다.

브랜드의 장점에 관한 정보를 지속해서 전달하고, 소비자 커뮤니티에 직접 참여해 그들의 불만이 무엇인지 캐치해야 한다. 그리고 조치를 해야 할 사항이 있다면, 신속하고 적극적으로 해결해 소비자 불만이 커지는 것을 사전에 막아야 한다. 이러한 행동들은 구매한 고객들의 불안함을 해소시킬 뿐만 아니라, 감동한 고객들이 브랜드를 칭찬하고 다니며 또 다른 고객을 창출할 수 있는 기회로 이어진다.

렉서스는 국내 수입차 브랜드 중 할인 프로모션이 거의 없기로 유명하지만, 구매한 고객들의 만족도가 높고 불만이 없는 브랜드로도 유명하다. 차량을 판매한 딜러가 나의 서비스 담당이 되어 정기적으로 판촉물과 차량 정보를 보내준다. 그리고 차량에 문제나 궁금한 점이 생겼을 때나 점검 서비스 예약이 필요할 때, 딜러에게 문의하면 빠른 시간 안에 해결해준다.

또한, 렉서스는 구매 고객에게 '렉서스 라운지'를 이용할 수 있는 멤버십을 부여해 다양한 혜택을 누리게 한다. '렉서스 라운지' 애플리케이션에는 현재 운행 중인 차량의 주행 정보와 점검 스케줄의 정보가 표시되며, 원하는 날짜에 간편하게 예약할 수 있도록 되어 있다. 그리고 무료 세차와 호텔, 식당, 레저 등 다양한 제휴업체에 멤버십 할인가격으로 이용할 수 있게 한다.

〈출처 : 렉서스라운지 애플리케이션〉

그뿐만이 아니라, 렉서스 서비스 센터는 직원들이 매우 친절하기로 유명하다. 하루는 내가 정기점검 때문에 서비스 센터에 방문했을 때, 아이가 다 먹은 과자봉지를 손에 쥐고 차에서 내린 적이 있다. 이때 서비스 직원분께서 달려와 잽싸게 내 손의 쓰레기를 말 없이 낚아챈 후, 웃으며 나를 센터 안으로 입장시켜주신 기억이 아직도 생생하다. 차량 브랜드마다 서비스 센터의 불친절이나 불편함에 대한 클레임을 많이 보았는데, 렉서스 서비스에 대해서는 현재까지도 불만을 본 적이 거의 없다.

고객이 차량 구매 후 이와 같은 서비스를 제공받게 된다면, 기존에 지니고 있던 불안함이 만족으로 변하게 된다. 한번 브랜드의 충성고객이 된 사람들은 다음 차량을 구매할 때에도 동일한 브랜드를 선택할 확률이 높아진다.

자신의 기준에서 높은 가격을 지불하고 상품을 구매한 고객은 종종 '인지 부조화' 현상을 겪게 된다. 그렇기 때문에 그들은 자신들의 구매를 합리화하기 위해 광고나 관련 기사를 찾게 된다. 따라서 우리는 판매하는 상품에 대해 고객이 불안해할 수 있는 부분을 인지하고 다양한 방법으로 해소를 시켜주어야 한다. 자동차 브랜드 수준의 서비스를 제공할 수는 없지만, 온라인으로 구매한 고객에게 제품 카탈로그와 사은품을 동봉해 보내줄 수 있다. 그리고 긍정적인 리뷰를 작성한 고객에게 할인 쿠폰이나 포인트를 지급하는 방법도 있다. 그 밖에도 구매한 고객을 대상으로 정기적인 문자메시지를 보내는 방법 등 고객을 만족시키는 방법은 다양하다. 10명의 신규고객보다 1명의 충성고객이 우리의 사업에 더 큰 도움이 된다는 것을 잊어서는 안 된다.

MARKETING

3장

많이 담기 VS 덜어내기, 어느 쪽을 택할 것인가

MARKETING

화려함보다 중요한 신뢰 마케팅

우리가 몸이 아파 병원이나 약국에 방문했을 때, 말끔한 정장 차림으로 가방을 들고 있는 제약회사 영업사원을 한 번씩 볼 수 있다. 시대가 많이 변하기는 했지만, 아직도 국내의 수많은 제약회사에서는 자체적으로 많은 영업사원을 보유하고 있다. 내가 몸담고 있는 회사에서도 영업조직이 있으며, 많은 수의 영업사원들이 존재한다. 영업사원은 담당 지역 내의 거래처인 병원이나 약국을 주기적으로 방문해 의사나 약사에게 자사 의약품에 대한 정보를 전달하거나 판매하기도 한다. 제약회사가 도매상과 같은 외부조직에 유통을 전부 맡기지 않고, 자체 영업조직을 운영하는 이유는 무엇일까?

다양한 이유가 있겠지만, 가장 으뜸이 되는 이유는 바로 거래처

와의 '신뢰'라고 생각한다. 약국을 예로 들어보자. 1년 사이에도 수많은 일반의약품이 신제품으로 출시된다. 제약회사마다 비슷한 제품들이 출시되기 때문에, 약사 입장에서는 어떤 제품을 선택해도 상관없다. 그래서 가장 신뢰하는 영업사원이 판매하는 제품을 선택한다. 그 제품에 특별한 문제가 있다거나 다른 제품에 비해 심하게 떨어지지만 않는다면 말이다.

평소에 성실하게 방문하고 약국 운영에 도움을 주는 영업사원들은 거래처의 신뢰를 듬뿍 받는다. 만일 영업사원이 오랫동안 의약품에 대한 정보를 명쾌하게 전달해왔거나, 재고에 대한 문제가 발생해도 신속하게 대응해왔다고 하면 어떨까? 거래처 약사는 '이 사람이 권하는 제품은 언제나 믿고 팔 수 있어. 어떤 문제가 발생해도 빨리 해결해줄 거야!'라고 생각할 것이다.

이러한 이유로 제약회사의 많은 영업사원들이 거래처와 탄탄한 신뢰관계를 구축하기 위해 타 회사 직원들과 경쟁한다. 마케팅 부서인 나 역시도 제품 홍보만 하는 것이 아니라, 영업사원들이 거래처에서 더욱 신뢰를 쌓을 수 있도록 판촉물이나 POP 자료 등을 개발해서 지급하는 업무를 한다.

신뢰를 바탕으로 하는 마케팅의 힘은 무섭다. 비슷한 상품이 너무나도 많은 이 세상에서, 어지간한 특별함으로는 소비자의 선택을 받기 힘들다. 그리고 소비자는 상품 자체에 대해서만 집중하지 않는다. 상품의 기능보다 우선시되는 것이 바로 '누가 판매하는 것이냐'라는 사실이다.

예를 들어 A씨가 있다고 가정하자. A씨는 예전부터 사진 찍는 것을 좋아하고 카메라에 관심이 많아, 효과적인 촬영기법과 다양한 브랜드의 카메라를 사용한 경험을 자신의 블로그에 몇 년 동안 꾸준히 포스팅해왔다. 카메라를 좋아하는 유저들은 오랫동안 일관성 있게 카메라에 대한 이야기를 하는 A씨의 포스팅을 신뢰하기 시작한다. 그리고 카메라를 구입할 때 A씨의 리뷰를 꼼꼼히 살피고, 그가 가장 좋았다고 하는 브랜드를 고려해 구매하기 시작한다. 시간이 지나 A씨에게는 많은 팬들이 생겼고, 그는 카메라 분야의 전문가로 대중들에게 인정받기 시작한다. 2년 뒤, A씨는 어느 카메라 제작업체와 협업해 자신의 이름을 내건 카메라 제품을 하나 출시했다. A씨가 자신의 카메라에 대한 장점을 홍보하며 판매를 하니 금세 품절이 발생할 정도로 인기가 대단했다.

드라마와 같은 이야기로 들리겠지만, 최근에는 이러한 '신뢰 마케팅'의 성공 사례가 실제로 많이 발생하고 있다. 나이키의 농구화 브랜드 '에어조던(Air Jordan)'처럼 과거에는 마이클 조던(Michael Jordan)과 같은 유명한 스포츠 스타나 연예인만이 자신의 이름을 건 마케팅을 진행해왔으나, 현재는 분위기가 많이 달라졌다. 일반인도 얼마든지 인플루언서가 되어 대중들에게 신뢰를 형성하고 영향력을 행사하는 시대다.

마케팅의 거장 '세스 고딘(Seth Godin)'은 자신의 저서 《마케팅이다》에서 성공적인 마케팅의 5단계 중 하나로 이렇게 이야기한다.

"종종 간과되기도 하지만, 오랫동안 꾸준히, 일관되게, 정성껏 일으키고자 하는 변화를 기획하고, 주도하며, 그에 대한 신뢰를 구축하는 것이다. 그래서 사람들에게 후속 작업에 대한 승낙을 받고 이 변화에 대해 배우겠다는 참여를 이끌어내는 것이다."

이처럼 브랜드나 제품이 시장에서 성공하기 위해서는, 우선 판매자 앞에 '사람'이 모여 있어야 한다. 그리고 사람이 모이기 위해서는 판매자가 오랫동안 신뢰를 쌓아야 한다. 신뢰는 하루아침에 형성되지 않지만, 구축된 신뢰의 힘은 그 어떠한 마케팅보다 강력함을 가진다.

신뢰를 기반으로 한 마케팅은 '무신사(MUSINSA)'처럼 성공적인 브랜드로 태어날 수 있지만, 한순간의 실수로 오랫동안 쌓아왔던 신뢰마저 무너진 실패사례도 많이 존재한다. 대표적인 예로, 2019년 국내 유명한 한 인플루언서가 몰락한 사건을 들 수 있다. 당해 그녀가 판매하는 식품에서 곰팡이가 발생했다는 클레임이 발생했다. 그러나 미흡한 초기대응과 소비자를 기만하는 행동으로 인해 대중의 질타를 받게 되었고, 이는 곧 기사화되며 대형 이슈로 발전되었다. 그리고 배신감을 느낀 사람들은 해당 인플루언서의 쇼핑몰을 대상으로 불매운동을 펼치거나 안티 커뮤니티를 형성하는 등 적극적인 행동을 취했고, 해당 쇼핑몰은 막대한 타격을 입게 되었다. 그 인플루언서는 뒤늦게 사과문을 올렸지만, 이미 신뢰는 바닥까지 추락한 이후였다.

신뢰를 구축하는 것은 엄청난 시간이 요구된다. 그리고 꾸준히 일관적인 콘텐츠를 생산해내야 하는 인내도 요구된다. 그러나 세스 고딘의 말처럼, 우리는 이를 종종 간과하고 있다. '인스타그램'에서 영향력 있는 인플루언서처럼 보이기 위해 '팔로워'만 늘리는 사람들이 있다. 그들은 빠르게 팔로워를 늘리고 싶은 마음에, 광고대행업체에게 돈을 지불하고, 외국인 또는 해킹된 계정을 팔로워로 모집한다. 그리고 그들이 생산하는 콘텐츠는 죄다 기업으로부터 협찬을 받아 작성된 광고 내용뿐이다. 아무리 팔로워가 수치상으로 많이 나타난들, 그들이 과연 사람들과 신뢰를 형성할 수 있을까? 그리고 대중들에게 영향력을 끼칠 수 있을까? 아마 절대로 없을 것이다.

그렇기 때문에 '소비자 체험단'과 같은 인플루언서 마케팅을 처음 진행하는 사람들은 정말로 주의해야 한다. 대다수 '체험단 마케팅' 대행업체는 '인스타그램 팔로워'나 '네이버 블로그 일일방문자'

의 수치만을 기준으로 협찬 대상을 추천해준다. 그들이 어떠한 콘텐츠에서 영향력을 행사하는지, 콘텐츠는 일관성이 있는지, 얼마나 오랫동안 활동해왔는지에 대해서는 알려주지 않는다. 대행사가 추천해주는 사람들만 믿고 협찬을 진행하게 된다면, 내 제품의 홍보 콘텐츠는 많은 사람들에게 보이지도 못한 채 금방 사라지고 만다.

나 역시도 이러한 실수를 한 적이 있다. 회사에서 인스타그램 마케팅을 처음 진행할 때, 인플루언서 한 사람당 대행사가 요구한 금액, 제품 원가, 제품 배송비 등 많은 비용이 들었다. 그리고 어떻게 해서라도 투입비용 대비 큰 효과를 보고 싶었다. 그래서 팔로워 수치에만 집착했다.

이들에게 제품을 건네고 나니 며칠 후 홍보 콘텐츠가 인스타그램에 올라왔다. 내 담당 제품을 인플루언서가 멋지게 촬영한 사진으로 보니 감회가 새로웠다. 그리고 '좋아요'나 댓글과 같은 반응지수도 엄청나게 올라왔다. 대행사에서도 이렇게 반응이 잘 나올 때 지속적으로 해주어야 효과를 볼 수 있다고 했다. 그 말만 믿고 몇 개월을 더 진행하는 와중에, 뭔가 이상함을 느꼈다. 인스타그램의 폭발적인 반응수와 비교했을 때, 내 브랜드의 키워드 조회수와 매출은 크게 변화가 없었다. 의심이 생겨 인플루언서의 팔로워들을 계속 체크해보았다. 대부분 외국인이거나 부업, 도박을 유도하는 가짜 계정이었고, 실제 유저 중에서는 비슷한 부류의 가짜 인플루언서들뿐이었다. '좋아요' 수치는 프로그램으로 조작되었고, 댓글들 역시 가짜 인플루언서들끼리 암묵적으로 작성해주는 의미 없는 내용이었다. 그 많은 수치에서 정작 내 제품에 관심을 갖고 구매해야 할 대상 고객은 아무도 없었다.

신뢰는 억지로 만들어지지 않는다. 이러한 사례처럼 화려한 수치를 구축할 수는 있어도 신뢰를 구축하기는 힘들다. 오랜 시간 동안 피나는 노력이 수반되어야 조금씩 쌓이는 것이 신뢰다. 그리고 그 신뢰는 마케팅의 전부라 해도 과언이 아닐 정도로 막강한 힘을 가진다. 잠시 다른 사람의 신뢰에 기대어 내 제품을 판매하거나 홍보할 수는 있다. 그러나 그것은 나의 신뢰가 아니며, 분명한 한계가 있다. 당신의 제품을 알리기 위해서는 당신만의 신뢰를 구축해야만 한다. 그리고 그 신뢰의 주체는 바로 당신이어야 한다. 이것이 바로 '퍼스널 브랜딩(Personal Branding)'이며, 당신은 오늘부터 신뢰를 얻기 위해 어떤 한 구절을 남겨야 할지 고민해야 한다.

노른자만 남기고 다 버려야 한다

대학 졸업 후, 제약회사 약국 영업사원이 되었던 스물일곱 살 때의 일이다. 입사 후 한 달 정도 진행된 교육에서는 모든 의약품에 대해 암기를 해야만 했고 줄곧 시험도 보곤 했다. 일명 '롤플레잉' 이라는 시험은 상사가 거래처 약사가 되고, 나는 영업사원이 되어 거래하는 설정의 상황극이었다. 그 시험은 3분 안에 의약품의 모든 성분과 장점에 대해 막힘없이 이야기할 수 있는가에 초점이 맞춰져 있었다. 그래서 나는 '많이 알고 많이 이야기할 수 있는 것'이 영업사원의 자질이라고 자연스럽게 생각했다.

교육 수료 후, 처음으로 담당 거래처에 혼자 방문하게 되었다. 약사님을 마주하니 매우 긴장되었지만, 용기를 내어 의약품 설명을 시작했다. 외웠던 내용을 두 마디도 던지기 전에 약사님은 "바쁘니까 빨리 좀 끝내주세요"라고 했다. 나는 이때부터 머릿속이 새하얗게 되었고, 말을 버벅거리기 시작했다. 하필 중간에 손님들도 계속 들어와 말도 끊겼다. 약사님은 귀찮은 듯 "그래서 이게 뭔데요? 그냥 비슷한 약이라는 거죠? 우리 약국에 이런 약 많이 취급하고 있으니 생각 좀 해볼게요. 그리고 지금은 매우 바쁘니까 다음에 오세요" 하고 나를 돌려보냈었다. 나의 첫 '디테일(의약품에 대해 세세하게 설명)'은 그렇게 완전한 실패로 끝나버렸다.

다른 거래에서도 계속 실패하게 되니 뭔가가 억울했다. 분명 교육을 받을 때는 암기를 잘한다고 칭찬까지 받았다. '우리 약품은 좋은 게 많아서, 다 듣게 되면 분명 사고 싶어질 건데 왜 내 말을 끝까지 안 듣지?' 하며 혼자 불평했다. 그러던 중, 첫 디테일에서 약사가 한 말이 계속 생각이 났다. '그래서 이게 뭔데요?' 왠지 제품을 한마디로 설명할 수 있어야 내 말을 들어줄 것이라는 생각이 점점 들었다.

이후 방법을 바꾸기 시작했다. "이 제품은 알약 크기를 최대로 줄인 콘드로이친 제품입니다"라며, 한 가지 장점에만 힘을 주어 이야기했다. 그러자 신기하게도 약사님들의 반응이 달라졌다. 나를 돌려보내지 않고, 함량이나 가격 등 여러 가지를 질문하기 시작한 것이었다. 이때부터 나는 내가 하고 싶은 말을 할 수 있었다.

"콘드로이친은 시중 최대 함량인 600mg로 들어 있습니다. 아마약국에 600mg 제품이 있을 수도 있겠지만, 알약의 크기가 작다는 것은 완전한 차별점입니다. 환자분들도 일단 쉽게 복용할 수 있어야, 이 한 통을 다 드실 수 있습니다. 쉽게 먹을 수 있기 때문에 이제품의 재구매도 꾸준히 일어날 수 있습니다. 게다가 콘드로이친외에 다른 비타민 함량도 꽉 차게 함유되어 있습니다."

한 가지 장점만 분명하게 말하고 나머지는 축소하거나 말하지 않았다. 그리고 이 방법은 많은 거래에서 성공률을 높여주었다.

약사뿐만이 아니라, 우리는 모두 다 바쁘게 살고 있다. 그래서한꺼번에 많은 정보를 접해야 하는 상황이 오면 엄청난 피로를 느낀다. 사람들은 자식 자랑을 하게 될 때 한 가지만 이야기하지 않는다. 꼬리에 꼬리를 물며 자랑을 늘어놓기 때문에, 맞장구쳐주기가매우 힘들고 자리를 피하고 싶은 마음만 들 뿐이다.

우리가 판매하는 상품도 마찬가지다. 우리의 눈에서 보면 상품은 자식과 같이 매우 사랑스러운 존재다. 생김새도 예쁘고 할 줄 아는 것도 너무 많기 때문에, 고객들에게 이 모든 것을 자랑하고 싶다. 만약 어느 것 하나라도 빠뜨려서 자랑하지 못하게 된다면 아까워서 너무나 가슴이 아프다. 그러나 고객의 입장은 전혀 다르다. 보고 듣는 것만으로도 너무 피곤하기 때문에 관심을 두기는커녕 도

망가버린다. 심한 경우에는 화가 나고 상품에 대해 반감이 들기도 한다.

이탈리아의 대표적인 화가 레오나르도 다빈치(Leonardo da Vinci)는 "단순함이야말로 최상의 세련됨이다"라고 말했다. 또한, 프랑스의 유명 소설가 생텍쥐페리(Saint-Exupéry)는 소설《인간의 대지》에서 "완벽함이란 더 이상 덧붙일 것이 없을 때가 아니라 더 이상 떼어낼 것이 없을 때에 이루어진다"라고 했다. 기계는 발전할수록 크기가 작아지며, 문장은 짧아질수록 이해하기 쉬워지는 것처럼, 고객에게 깊은 인상을 주기 위해서는 '단순함'이 요구된다.

마케팅의 메시지도 단순하고 명확해야 한다. 그러나 우리는 이렇게 간단한 사실을 알면서도 쉽게 줄이지 못한다. 장점이 5가지인 제품에 대해 '키 메시지(Key Message)'를 한 문장으로 표현해달라고 요청을 받게 되면, 한 문장 안에 5가지 내용을 몽땅 집어넣으려고 노력한다.

의약품 마케팅에서도 이러한 실수는 자주 일어난다. 의약품은 한 가지 성분만 함유하는 것도 있지만, 보통의 경우 많은 성분이 들어간다. 그리고 많은 제약회사에서 이 성분들에 대해 모두 표현하려고 애를 쓴다. 예를 들어 '피로회복제'에 대해 광고를 할 때, 소비자는 피로가 어떠한 느낌으로 풀리는지에 대해서만 관심을 가질 것이다. 마케터들도 이 사실을 잘 알고 있다. 그러나 임원들로부터 최종 컨펌을 받아내기가 힘들다. 우리 제품의 강점은 다양한 성분인데 왜 그것을 안 적었냐고 지적당하기 일쑤다. 그래서 결국 '피로를 위한 A와 B의 듀얼 액션!', '더블 액션!', '트리플 액션!', '5가지 복합성분' 등 개성 없는 메시지들만 무성하게 나온다.

나도 회사에서 비슷한 경험을 한 적이 있다. 7년 전, 신문에 게재할 전면광고를 준비하고 있었다. 일본 과립 위장약이었는데 식전에 먹는 것이 특징이었다. 그리고 함유된 성분이 무려 11가지였다. 나는 '식전위장약'이라는 특색을 최대한 살리고 싶었다. 그래서 고심 끝에 '식사 전부터 위를 편안하게'라는 헤드카피를 준비했다. 그러나 최종 결재에서 엄청 혼이 났다.

"너는 PM(Product Manager)이라는 사람이 자기 제품 성분도 몰라? 관심이 없으니까 이렇게 무성의한 카피만 나오잖아. 이 제품에는 '울금'도 들어 있고, '생강', '감초', '인삼' 성분 다 들어 있는데 왜 식사만 이야기해? 숙취에도 좋고 속 쓰림에도 좋은 것은 왜 이야기를 안 해? 이것은 신문광고야. TV가 아니기 때문에 사람들이 하나하나 다 읽는다고. 다시 해와!"

결국, 그 신문광고는 의약품 백과사전이 되어 일간지 전면에 게재되었다. 큰돈이 들어간 광고였는데도 매출은커녕 문의전화도 거의 없었다. 그렇게 텍스트로 절반을 채운 광고임에도 불구하고, 한 소비자는 전화로 "이 약은 대체 무슨 약인가요?"라고 물었다. 전혀 읽지 않았다는 증거다. '식전에 먹는 4가지 양약 성분과 7가지 생약 성분으로 속 쓰림, 소화불량을!'이라는 카피도 쉽게 눈에 들어올 리 없었을 것이다.

'메시지를 줄여서 임팩트를 살린다'라는 것이 쉬운 일은 아니다. 판매자 입장에서는 덜어낸다는 것에 엄청난 심리적 부담감을 느낀다. 좋은 점을 다 말해도 모자랄 판에 오히려 빼야 한다니…. 그러나 소비자 입장에서 생각해보면 다르다. 자신이 구매하려고 생각하는 많은 제품 중, 가장 차별적인 한 가지 이유만을 알고 싶을 뿐이다. 그리고 바로 그 한 가지 이유가 구매를 결정하는 결정적인 요인이 된다. 한 가지의 이유 때문에 제품이 마음에 들었다면, 나머지 장점에 대해서는 소비자가 알아서 찾고 습득하게 될 것이다.

단순하고 명확한 메시지는 오랫동안 사람들에게 기억된다. 많은 정보가 들어가지도 않고, 억지로 설명하려 하지도 않는다. 그리고 짧지만 위트가 있다. 시간이 지나도 많은 사람들에게 사랑받는 광고카피들은 다음과 같은 것들이 있다.

'달라진 것은 단 하나, 전부입니다' – 애플, 아이폰 6s
'먹지 마세요, 피부에 양보하세요' – 스킨푸드

'치킨은 살 안 쪄요, 살은 내가 쪄요' – 배달의민족

'피로는 간 때문이야' – 대웅제약, 우루사

'변비 비켜, 비코그린' – 코오롱제약, 비코그린

'에듀윌은 합격이다' – 에듀윌

'이게 그냥 커피라면 이건 TOP야' – 맥심, TOP

우리는 노른자만 남기고 다 버려야 한다. 급격하게 변하고 있는 요즘 시대에는 특히나 더 그렇다. SNS에서는 1분 안에 수많은 신규 콘텐츠가 올라온다. 그리고 사람들은 그것을 하나하나 다 보지 않는다. 무표정으로 손가락만 휙휙 움직이며 넘겨버린다. 요즘 뉴스 기사의 제목이 점점 짧아지고, 자극적으로 변하는 이유가 여기에 있다. 1초 만에 마음을 사로잡지 못하는 콘텐츠는 쓰레기가 되는 세상이다. 그러니 우리는 냉정해져야 한다. 잡다한 것은 버릴 줄 알아야 한다. 그리고 고객이 내 제품을 좋아해줄 한 가지 이유만을 찾아서 그것을 더 빛나게 갈고 닦아야 한다. 우리가 고객을 위해 아무리 달걀을 열심히 삶아도 그들은 껍질 까는 것조차 귀찮아 할 것이다. 그러니 노른자만 보여주기 위해 다 버려야 한다.

버리고 덜어내고 개선하라

세상의 발전 속도가 점점 증가하는 가운데, 코로나19 팬데믹의 등장으로 그 속도는 더욱 무섭고 빠르게 변화하고 있다. 코로나 감염 공포증이 가장 심했던 2020년도에는, 온라인 거래액이 사상 최대치를 기록할 정도로 오프라인에서 온라인으로의 거래 이동이 심화되었다. 온라인 수요가 증가한 만큼 온라인 신규 판매자의 수도 폭발적으로 증대했다. 그로 인해 온라인 시장에서의 경쟁은 더욱 심화되었으며, 플랫폼들은 각종 알고리즘을 변화시키며 판매자들에게 살아남기 위한 변화를 요구하고 있다. 우리는 매일같이 변화에 직면하게 되며, 이에 대응하기 위해 많은 정보를 구하거나 다양한 시도를 통해 적응해나가야 한다.

생물학자 다윈(Charles Robert Darwin)은 《종의 기원》에서 이렇게 말했다. "자연에서 살아남는 것은 가장 강한 종이 아니고 가장 영리한 종도 아니다. 단지 변화에 가장 잘 반응한 종이다. 변화는 즉 생존이다."

또 삼성의 전 회장이었던 이건희는 1993년 프랑크푸르트 회의에서 "결국, 내가 변해야 한다. 바꾸려면 철저히 바꿔라. 극단적으로 이야기해 농담이 아니라 마누라, 자식 빼고 다 바꿔야 한다"라고 말했다.

이처럼 '변화'는 우리에게 매우 중요할 뿐만 아니라, 살아남기 위한 필수 요소가 되었다. 온라인에서 어제 인기상품이었다고 해서 오늘까지 그 인기를 장담할 수는 없다.

많은 사람이 변화의 중요성을 알고 있다고 말은 하면서도, 적극적으로 실행에 옮기는 사람은 사실 별로 없다. 그들은 현재 시장에서 어떠한 변화가 일어나고 있는지, 어떻게 변화를 주어야 하는지에 대해 무감각하다. 그리고 줄어드는 고객 유입과 매출 때문에 대책을 찾고는 싶지만, 어떠한 행동을 취해야 할지를 잘 모른다. 자신의 상품과 관련한 내부적인 요인은 별문제가 없다고 생각하거나 들여다보기 귀찮아 새로운 광고매체를 해결책으로 생각하지만, 적극적으로 시도하지는 않는다. 변화를 맞이하기 위해서는 적극적인 자가진단과 개선이 필요하다.

나 역시도 새로운 상품을 등록하는 것에만 정신이 팔려, 상품에 어떠한 문제가 있는지에 대해 들여다보지 않은 적이 많다. 내가 열심히 등록한 상품 정보는 딱히 바꾸어야 할 부분이 없었고, 비용을 들여 제작한 상세페이지는 상당히 높은 수준이라고 생각했다. 광고 문구는 경쟁사들이 내세우고 있는 장점들을 모두 포함해 이야기하고 있었으며, 검색량이 높은 키워드 위주로 CPC 광고 노출은 잘되고 있다고 생각했다. 그것들이 제대로 시장에 반응하고 있는가에 대해서는 검증도 해보지도 않은 채 말이다. 사실 너무 귀찮았다. 앞으로 해야 할 것들이 엄청 많고 시간도 부족한 것 같은데, 이미 완료한 업무들을 다시 들여다보고 있자니 시간이 아까웠다. 그래서 내가 이미 해놓은 일에 대해서는 전혀 문제가 없다고 스스로 믿고 싶었다. 그렇게 자가진단에 소홀하니 결과가 좋았을 리가 없었다.

새로운 시작과 변화는 늘 두려운 일이다. 다양한 이유가 있겠지만, 그중 하나는 '이미 익숙하고 편안해진 환경'에서 벗어나고 싶지 않기 때문이다. 그래서 많은 사람이 여러 가지 핑계를 대며 변화하는 것을 피한다.

"아직은 아니고, 언젠가는 해야지."

"요즘 회사 일이 너무 바빠서 정신이 좀 없네?"

"준비하고는 있는데, 아직 계획이 덜 되었어."

"아휴, 내가 무슨 그런 일을 해."

변화가 두려운 이유 중 또 하나의 이유는 바로 '완벽하게 해야 한다는 두려움'이다. 이상하게도 우리는 무언가를 시작하기 전부터 지나칠 정도로 거창하게 생각하는 버릇이 있다. '이렇게 경쟁이 치열한 시장인데, 겨우 이 정도로는 부족하겠지?', '성공한 사람들의 결과물들을 보니 초반에 투입해야 할 리소스가 엄청날 거야', '내가 이 일을 시작하는 것에 대해 주변 사람들도 알 텐데, 뭔가 더 있어 보여야 하겠지?' 등 완벽한 결과를 내야 한다는 강박관념에 사로잡혀 시작조차 못 하는 사람이 태반이다. 그리고 어떻게 시작을 했다고는 해도, 변화가 필요한 순간에 또다시 완벽주의에 사로잡히는 일이 흔하게 발생한다.

내가 예전에 자가진단을 소홀히 했던 이유도 사실 이와 같다. 이미 제작을 마친 상세페이지와 광고문구로 판매가 조금씩은 이루어지고 있다는 것에, 나도 모르게 계속 안주하고 있었다. 그리고 매출이 떨어지는 상황에 어떠한 변화를 주자니, 이전에 조금이라도 발생했던 매출마저도 나오지 않게 될까 봐 두려워졌다. 변화가 완벽해야 한다는 생각에 직면하니, 나도 모르게 두려워져 '이미 완벽하니 바꿀 필요가 없어'라는 생각으로 계속 회피를 하게 되었다.

자가진단을 소홀히 했던 나는 도태되기 시작했다. 그리고 고객의 유입과 매출은 점점 줄어들고 있었다. 새로운 광고플랫폼을 계속 발굴해서 노출을 강화하는 것이 해결책이라고 생각했으나 큰 착각이었다. 돈을 써서 유입되는 고객이 잠시 늘었을 뿐, 구매로 전환되는 비율은 높아지지 않았다. 나는 이때부터 많은 것을 중단하고 마음을 가볍게 하기로 다짐했다. 그리고 용기 내어 내 상품을 하나하나 다시 보기 시작했다.

경쟁사가 사용하고 있는 멘트를 똑같이 내 상세페이지에 하나더 추가하는 일이 아니었다. 오히려 번잡스러워진 멘트들을 덜어내기 시작했다. '이 상품이 진짜 필요한 사람은 누구일까?' 생각하며, 스스로 고객의 범위를 줄여나갔다. 화려하게 보이기 위해 다양한 색상을 사용한 부분도 2가지 색상으로 통일했다. 여러 가지 검색키워드를 잡겠다고, 난잡하게 작성했던 상품명도 과감하게 줄였다.

쓸데없이 복잡한 내용을 과감히 덜어내고 나니 상품이 주는 메시지가 분명해지기 시작했다. 효율이 떨어지는 광고까지 모두 개선하고, 다시 시작한다는 마음으로 고객을 기다렸다. 변화를 준 직후당장은 아니었지만, 조금씩 전환율이 높아지기 시작했다. 광고비를 줄이고도 매출은 점차 늘어나기 시작했으며, 재구매율까지 증가하기 시작했다. 특히, 내가 원했던 '나이, 구매 상황과 이유'를 타깃으로 한 고객층에서 재구매율이 높아졌다는 게 너무 기뻤다. 이후부터 시간이 나는 대로 상품 정보를 계속 다듬기 시작했다.

우리는 대개 제품의 장점을 소구할 때, 다른 판매자들이 우선해서 내세우는 부분을 자신도 장점으로 내세우려고 하는 경향이 있다. 많은 판매자들이 이야기하는 부분이니, 분명히 시장성이 있을 것이라 생각하고 맹목적으로 추종한다. 하지만 조금만 생각을 다르게 해보면 남들과 다른 차별성을 충분히 찾을 수 있다. 다른 방법을 찾게 된다면, 남들이 내세우는 부분을 과감하게 버리고 자신만의 장점을 더욱 부각시키면 된다.

예전에 회사에서 마케팅을 담당하던 제품 중, '더가드코와'라는 수입의약품 정장제가 있었다. 그 당시는 전국적으로 '프로바이오틱스' 시장이 크게 확산되는 시기였고, '유산균 정장제'는 약국에서도 의약품이 건강기능식품들에게 자리를 내어주며, 점점 시장 점유율을 잃어가던 시기였다. 이때 수많은 건강기능식품 업체들이 '제조 시 투입된 생균 수'를 소구 포인트로 잡았고, 너도나도 '200억 유산균', '1,000억 유산균' 등 수치만으로 제품의 우위를 드러내려고 했다. '장 도달균 수'가 얼마인지 이야기할 수 있는 업체는 한 곳도 없었지만, 모두가 투입균 수로만 이야기하니 참으로 난감했다. 거래처 약사님들과 영업사원들도 시장의 반응 때문에 우리 제품의 유산균 투입 수는 얼마인지에만 관심을 가졌다. 고민 끝에 나는 과감히 '균 수'를 소구 포인트에서 빼기로 했다.

"우리는 유산균을 왜 섭취할까요? 설사나 변비와 같은 질환을 즉흥적으로 해결하는 효과를 보기 위함이 아닌가요? 배변에 문제가 생긴다는 것은 소화가 덜 된 음식이 장에서 부패를 하기 때문입니다. 그 때문에 더가드코와는 위를 운동시키는 성분이 포함되어 있으며, 열에 강한 유산균과 고초균으로 장까지 살아서 갑니다. 그렇기에 투입균 수는 아무런 의미가 없습니다. 우리가 주목해야 하는 사실은 이 제품이 배변 트러블 치료에 허가를 받은 의약품이냐, 아니냐 입니다."

나는 건강기능식품에 비해 절대적으로 떨어지는 균수를 과감히 버리는 대신, 함유된 다른 성분과 의약품이라는 부분을 강조하며 제품 소구 포인트를 개선했다. 그 결과 유산균을 섭취하고도 증상이 호전되지 않는 사람들이 더가드코와를 찾기 시작했고, 지역별로 수많은 마니아층을 탄생시키게 되었다.

시장은 늘 변화를 요구한다. 삼성과 같은 대기업뿐만 아니라 우리 모두 변화를 직면하고 이에 대응해나가야 한다. 그러나 변화를 시도한다는 것은 많은 두려움이 따르며, '익숙함'과 '완벽함'이라는 틀을 깨는 용기가 필요하다. 그래서 많은 사람들이 변화에 순응하지 못하고 도태되거나 사라진다. 우리는 변화를 거창하게 생각할 필요가 없다. 지저분한 방을 청소하듯, 쓸데없다고 생각되는 것은 버리고 조잡해 보이는 것은 덜어내면 된다. 그리고 나의 고객이 조금 더 원할 것 같은 것으로 채우면 된다. 어떻게 바꿔야 하는지에 대해 정답은 없다. 그러니 우리는 되도록 마음을 가볍게 하고 작은 것부터 지속해서 개선시켜나가야 한다.

브랜드, 어떤 아이로 키울 것인가?

    몇 년 전, 아내와 함께 통영으로 여행을 간 적이 있다. 점심을 먹기 위해 주변을 둘러보니 대부분이 충무김밥을 파는 식당들이었으며, 간판에는 '원조'라는 글자가 너도나도 붙어 있었다. 결국, 나의 점심메뉴는 충무김밥으로 정해진 것인데, 어느 식당으로 들어가야 할지 선택지가 늘어나다 보니 혼란스러웠다. 그런데 한 식당이 유독 눈에 띄었다. 충무김밥 식당은 이렇게나 많은데, 그 식당에만 사람들이 줄을 서가며 기다리고 있었다. 충무김밥은 사실 어느 식당에서 먹어도 비슷한 맛일 텐데, 왜 그 집에만 사람들이 북적거리는 것이었을까?

    나와 아내도 이유가 궁금해서 그 식당의 충무김밥을 먹기 위해 줄을 섰다. 대기하는 동안 앞사람 일행에서 "그래도 이 집이 제일 유명하대" 하는 이야기 소리가 들렸다. 10분 정도 기다리니 우리는 드디어 자리에 앉아 충무김밥을 먹을 수 있게 되었다. 그러나 맛은 그리 특별하다고 생각되지는 않았다. 그러고는 왜 이 집에만 사람들이 몰릴까 생각했다.

'브랜드'라고 하면 보통 로고와 같은 '상표'가 가장 먼저 떠오른다. 그러나 넓게 보면 디자인, 가치, 광고, 이미지, 마케팅 등 수많은 개념을 함축하고 있기 때문에 다소 어렵게 느껴질 수도 있다. 다양한 해석과 정의가 있지만, 나는 브랜드라는 개념을 단순하게 '인식'으로 생각한다. '상품이 사람들에게 어떻게 인식되어 있는가'가 '브랜드'이고, 사람들이 '구매를 해야 할 이유가 있는 상품'으로 만드는 것이 '브랜드 마케팅'이라고 생각을 한다.

통영은 사람들에게 '충무김밥'을 먹어야 할 이유를 만들었고, 내가 방문했던 식당은 그들의 식당에서 충무김밥을 먹어야 할 이유를 만든 것이다. 이처럼 브랜드 마케팅이란 나이키와 애플과 같은 유명기업에서만 진행하는 것이 아니라, 우리의 주변 곳곳에서 일어나고 있는 활동이다.

브랜드는 '소비자가 생산자를 구별하는 지각된 이미지와 경험의 집합'을 뜻하기도 한다. 따라서 기업은 사람들에게 긍정적이면서도 그들만의 독특한 가치를 인식시키기 위해 매우 노력한다. 그렇기 때문에 브랜드는 하루아침에 완성되는 것이 아니며, 소중히 키워나가야 하는 어린아이와도 같다.

브랜드 마케팅에 대해 자동차 브랜드로 한 가지 예를 들어보겠다. 자동차 브랜드들도 저마다 심어주고자 하는 가치와 인식은 차이가 있다. 그중 '렉서스'라는 브랜드는 사람들에게 '고장이 나지 않는 차'로 인식되어 있다. 물론 오랫동안 차량을 실제로 운행해본 오너들이 우수한 내구성에 대해 이야기를 해왔기 때문일 수도 있다. 그러나 실제로 렉서스는 이러한 오너들에게 자신들의 품질에 대한 인식을 아주 오래전부터 심어왔다.

렉서스는 품질의 밑바탕을 '장인정신'에 둔다고 한다. 장인정신이란, 자신의 모든 역량을 쏟아 완벽을 추구하는 마음가짐을 뜻하며, 렉서스는 이를 바탕으로 '타쿠미 시스템'이라는 엄격한 시스템을 도입해 모든 생산과 검수 과정에 활용하고 있다. '타쿠미'란 우리말로 '솜씨 좋은 장인'을 뜻하며, 최소 25년 경력을 넘긴 기술자만이 특별한 훈련과 시험을 통해 자격을 얻는다. 손으로 직접 차를 만지며 미세한 오차까지 찾아내야 하기 때문에, 90초 안에 자주 사용하지 않는 한 손으로만 종이 고양이를 접는 테스트가 있을 정도다.

렉서스는 이렇게 모든 생산 공정에 장인의 손길이 닿아왔던 가치를 고객들에게 꾸준히 알려왔다. 그렇기 때문에 렉서스의 고객들은 자신들의 차를 '장인이 만들어 품질이 우수하고 잔고장이 발생하지 않는 차'로 자연스럽게 각인되었다. 렉서스는 이러한 가치를 더욱 깊이 새기기 위해 더 많은 부분에서 브랜드 마케팅 활동을 펼치고 있다. 핸들과 같은 장식 부분에도 줄무늬 나무 장식(시마모쿠)이 들어가며, 이 장식을 위해 38일간 67단계의 프로세스를 거쳐 제작되는 영상을 공개한다. 또한, '크리에이티브 마스터즈'라는 정기행사를 개최해 공예장인들에게 작품 제작을 지원하거나 브랜드 협업 작품들을 만들어 전시와 판매를 한다. '장인정신'이라는 일관된 개념을 다양한 방법으로 보여줌으로써 소비자들에게 '우수한 품질'이라는 인식을 강하게 심어주고 있다.

이러한 사례처럼 브랜드 마케팅은 기업이 원하는 방향대로 소비자가 인식할 수 있도록 유도하는 활동이라고 할 수 있다. 렉서스처럼 '장인정신'이라는 인식이 높아지면, 내구성이 좋은 차를 찾는 소비자들이 '구매해야 하는 이유'로 발전한다. 그래서 브랜드 마케팅을 위해서는 원하는 방향이 있어야 하고 그것을 일관성 있게 유지해야 할 필요가 있다.

나의 회사에서 마케팅을 진행하는 제품 중 '카베진'이라는 의약품이 있다. 제산제, MMSC, 소화제, 건위생약 등 많은 성분이 함유된 제품이지만, 국내 도입될 당시 양배추 유래 성분인 MMSC에 포커스를 맞추어 브랜드 마케팅을 진행했다. 양배추가 위에 좋다는 대중적인 인식을 고려해, 모든 카베진 광고물에 양배추가 함께 나오도록 꾸준히 노력했다. 현재까지도 고객들은 카베진에 몇 가지 성분이 들어 있는지 잘 모른다. 그리고 제품이 의약품인지, 건강기능식품인지 헷갈리는 고객들도 많다. 그러나 카베진이 '양배추 위장약'으로서 '위에 좋은 효과가 있다'라는 인식을 심는 것에는 성공했다.

브랜드는 사람들이 인식하는 가치에 대한 이름이다. 그리고 그 가치를 상품이라는 그릇에 담아 판매를 한다. 비슷한 기능의 운동화라도 '나이키' 로고가 새겨져 있는 운동화는 가치가 더 높다고 생각한다. 왜냐하면 사람들은 오랫동안 나이키의 'Just do it'이라는 광고를 보며, 열정이 가득한 스포츠 스타들이 선택하고, 믿을 수 있는 품질의 브랜드라고 인식하기 때문이다. 그래서 브랜드 마케팅은 개별적인 상품에만 집중하지 않고, 전체를 아우를 수 있는 가치를 형성한다.

우리는 주변에서 성공적인 브랜드를 흔하게 접하지만, 잘 성장하다가 갑자기 이미지가 쇠퇴하는 브랜드들도 종종 접하게 된다. 최근 명품 패션 브랜드에서 이와 같은 사례들이 자주 발생하고 있다. 한때 고급 브랜드로서 대중들에게 '한 번쯤은 꼭 구매해 갖고 싶은' 선망의 대상이었으나, 모조품들이 시중에 대량으로 풀려 학생들마저도 손쉽게 착용하게 되면서부터 문제가 발생하기 시작했다. 희소성이 사라진 브랜드들은 이미지가 손쓸 수 없을 정도로 추락하며 기피해야 하는 브랜드로 낙인찍히게 되었다. 그래서 명품 브랜드들은 이와 같은 위험을 피하기 위해 모조품 단속을 철저히 하거나, 생산 물량을 일부러 감소시켜 더욱 희소성이 있는 브랜드로 이미지를 구축하기 위해 노력한다.

브랜드는 '어린아이'와도 같다. 살아 있는 생명체와도 같으며, 아직 미숙하기 때문에 보호자가 곁에서 지속해서 케어해주어야 한다. 바르게 자라도록 방향을 잡고 지도하면 올바르게 성장할 수 있지만, 방치하거나 방관할 경우, 삐뚤어진 이미지로 성장할 가능성이 크다.

《배민다움》의 저자 홍성태 교수는 자신의 책에서 이렇게 말했다.

"예컨대 내향적이라 해도 필요에 따라 외향적인 사람처럼 행동하듯, 성숙한 사람들은 자신의 성격을 기업과 사회가 요구하는 방향으로 만들어간다. 이렇게 만들어진 성격을 페르소나(persona)라고 한다.

(중략)

'애플은 천재 같다'거나 '구글은 캐주얼하다'라고 말한다면 많은 사람들이 수긍할 것이다. 또는 '다이소는 값이 싸다'거나 '삼성은 품질이 좋다'라고 말해도 사람들이 수긍할 것이다. 그런데 '천재 같다'거나 '캐주얼하다'라는 표현은 사람에게도 어울리는 말이지만, '값이 싸다'거나 '품질이 좋다'는 표현은 사람에게 대고 쓰기에는 적절치 않다. 바로 애플이나 구글은 페르소나가 있는 것이고, 다이소나 삼성은 없다는 방증이다."

그래서 브랜드는 성격을 지닌 사람과 같다. 우리는 자녀가 건강하고 올바르게 성장하기를 바라며, 성인이 되기 전까지 곁에서 열과 성의를 다해 뒷바라지한다. 브랜드도 마찬가지다. 우리 브랜드가 건강하게 성장하며 소비자들에게 좋은 이미지와 경험을 제공할 수 있도록, 초기부터 철저하게 관리를 해주어야 한다. 그렇기 때문에 우리는, 브랜드를 '어떤 아이로 키울 것인가'부터 분명하게 설정해야 한다. 그리고 우리 아이를 사랑해줄 사람은 과연 누구인지, 우리 아이가 사람들에게 어떻게 인식되어 사랑을 받게 하고 싶은지를 결정하는 것은 바로 부모의 역할이다.

효과적인 마케팅을 위한 7가지 과제

아내의 스마트 스토어를 구축할 때, 스스로 많은 질문을 던진 적이 있었다. 어떻게 하면 스토어에 최대한 신경을 덜 쓰고도, 판매가 이루어지는 시스템을 만들 수 있을까? 아내와 나는 본업이 있었고, 두 자녀 육아도 해야 했기에 온종일 스토어에 매달릴 수 있는 여건은 아니었다. 아마 전업으로 일하시는 사장님들은 내가 배부른 생각을 한다고 생각하실 수도 있을 것이다. 종일 컴퓨터 앞에서 씨름하며 실시간 상품순위를 체크하고, 마켓 MD와 기획전에 매달려도 될까 말까인데 말이다. 그래도 나는 매출이 적게 나올지언정, 최대한 자동화된 시스템을 만들어 아내에게 전달하는 것을 목표로 했다.

그래서 전체적인 사업구조를 기획하고 마케팅을 진행할 때, 다음의 7가지 과제에 직면했다. 마케팅을 하는 사람들은 누구나 겪는 문제이기 때문에, 여러분도 자신의 상황에 비추어 한번 생각해보자.

I. 목표를 크게 잡을 것인가? 작게 잡을 것인가?

사업의 목표를 한 번에 크게 잡고 갈 것인지, 아니면 비교적 쉽게 해결할 수 있을 정도로 작게 잡아 단계적으로 갈 것인지에 대한 문제다. 사실 목표는 크든 작든 다 어렵다. 그래서 나는 이왕이면 목표를 크게 잡기로 결심했다. 목표를 작게 잡을 경우, 사소한 문제나 어려움이 닥칠 때마다 목표를 수정하거나 방향을 틀어야 하는 일들이 발생하기 때문이다. 그러나 목표를 크게 잡게 되면 문제가 발생하더라도, 크게 흔들리지 않고 목표를 향해 끝까지 한 방향으로 나아갈 수 있다.

2. 내가 직접 할 것인가?
다른 사람에게 맡길 것인가?

1인 사업이나 마케팅을 처음 하게 될 경우, 상당한 의지를 갖고 시작한다. 그래서 자신이 직접 모든 프로세스에 관여해 해결하려고 한다. 직접 업무를 처리하게 될 경우, 업무 대행을 맡기는 것보다 단가가 저렴하기 때문에 비용을 아낄 수 있다. 그리고 업무를 자신이 직접 처리하게 되면 사업 전반의 프로세스에 대한 이해도가 높아질 수 있는 장점이 있다. 그러나 직접 하는 것에 대한 단점도 분명히 존재한다. 대행 업무를 맡기는 것보다 단가는 저렴할 수 있지만, 잃어버리는 기회비용이 더 클 수도 있다. 내가 잘 알지 못하는 디자인 분야에 대해, 시간을 들여 공부하며 노력을 쏟아붓는 것보다 전문가에게 맡기는 것이 훨씬 더 경제적이고 효과적일 수 있다.

우리는 전체를 이끌어가는 경영자이지, 노동자가 아니다. 그래서 효과적인 마케팅을 위해서는 '타인의 시간'을 살 줄도 알아야 한다. 나는 광고 부분만 직접 컨트롤하고 나머지 재고관리, 주문 수집 및 발주 등 모든 물류 업무에 대해서는 풀필먼트 업체를 이용하고 있다. 그로 인해 아내와 나는 엄청난 시간을 절약하게 되었으며, 많은 주문이 밀려들어 오는 날에도 모바일로 간단하게 체크만 하는 시스템을 구축하게 되었다.

3. 완벽한 조준으로 한발의 발사를 할 것인가? 여러 번 발사할 것인가?

사업이나 마케팅에서 첫걸음을 떼는 데 가장 걸림돌이 되는 것은 무엇일까? 다양한 원인이 있을 수 있겠지만, 나는 '완벽해야 한다'라는 강박관념이라 생각한다. 특히, 예전의 회사에서 마케팅 전략을 수립하고 상사들에게 보고했을 때, '완벽해야 한다'며 계속적인 추가 자료를 요구당한 적이 많았다. 그사이 경쟁사들은 먼저 발빠르게 시장을 선점하고 있었고, 내가 진입했을 때는 이미 늦었다는 것을 깨달았던 적이 많았다. 부서가 많고 관료주의적 조직에서 흔히 나타나는 증상이다.

그래서 몸집이 비교적 가벼운 우리는 '완벽한 조준'보다 '일단 발사'가 더 중요하다. 일단 쏴보고 빗나갔다고 생각되면, 왜 빗나갔는지 살펴보고 다시 조준하면 되는 것이다. 빠르게 과녁이 움직이는 요즘 세상에, 완벽한 발사란 존재하기 힘들다. 조준한다고 시간을 허비하는 것보다, 빗나간 부분에서 분석하는 것이 훨씬 더 배울 것이 많다.

4. 신규고객에 집중할까? 단골고객에 집중할까?

물론 둘 다 사업을 확대시키는 데 중요한 부분이고, 어느 것 하나 소홀히 해서는 안 되는 요소다. 그러나 나는 점점 단골고객을 만드는 데 집중하는 것이 현명하다고 생각한다. 마케팅은 나를 좋아해주는 사람들에게 지속해서 헌신하는 활동이다. 나에게 관심이 없거나 싫어하는 고객의 마음을 억지로 돌리려 노력하는 것보다, 좋아해주는 사람들에게 더욱 애정을 보내는 것이 더 효율적이라 생각한다.

나를 좋아해주는 단골이 되면 지속적인 재구매가 발생할 뿐만 아니라, 광고비가 점차 줄어들어 효율이 높아지는 효과를 볼 수 있다. 그래서 아내와 나의 경우 택배상자에 편지를 넣거나, 사은품, 쿠폰, 그리고 메신저로 제품 수령 확인 메시지를 보내는 등의 활동을 진행하며 단골 확보에 힘을 쓰고 있다.

5. 양적으로 승부할까? 질적으로 승부할까?

사업을 시작할 때 일단 구색 상품을 많이 갖추면 판매가 잘될 것이라고 생각하는 분들이 많다. 모든 상품이 잘 팔리면 더할 나위 없이 좋은 일이지만, 한꺼번에 등록된 많은 상품을 관리하는 것은 절대로 쉬운 일이 아니다. 그리고 한 번에 많은 상품을 구할 수 있었다는 것은, 그만큼 다른 판매자들도 쉽게 공급받을 수 있는 상품이라는 말이기에 경쟁력이 다소 떨어질 수 있다. 상품 수는 비록 적더라도 1~2가지의 경쟁력 있는 상품으로 승부하는 것이 훨씬 효율적이라고 생각한다. 그래서 직접 OEM 제작을 통해 나만의 브랜드 제품을 만들거나, 경쟁자가 적고 매력적인 상품을 공급업체로부터 직접 사입을 통해 공급받는 것을 추천한다.

초반에는 투입되는 비용이 다소 들 수 있으나, 사업을 장기적으로 이끌고 갈 수 있는 최선의 방법은 질적으로 좋은 상품으로 스토어를 구축하는 것이다. 동일 제품 판매자가 적을수록 가격 전략에서 자유로울 수 있고, 그로 인해 광고와 같은 프로모션 활동에도 더욱 적극적으로 임할 수 있다.

6. 보여주고 싶은 것과 보고 싶어 하는 것

상품의 상세페이지를 작성할 때, 우리는 많은 장점을 이미지와 텍스트로 담기 바쁘다. 어느 것 하나라도 빠뜨리게 된다면 경쟁사에게 뒤처질 것만 같아 불안해진다. 그래서 옵션 구성까지도 경쟁사와 동일하게 진행하는 사람들도 많다. 나의 욕심만큼 보여줄 수 있는 것이 많으면, 고객도 이 제품에 반할 것이라고 착각하게 된다.

그러나 고객의 입장에서 보면 어떨까? 정신이 없을 정도로 휘황 찬란한 이미지와 빼곡한 텍스트로 혼란스러워지기 쉽다. 그리고 이집, 저 집 다 똑같은 장점뿐이기 때문에, 많은 장점에도 불구하고 차별성을 느끼기가 힘들다. 많은 장점을 내세운다고 하더라도 모든 고객을 사로잡을 수는 없다. 그래서 우리는 목표로 하는 고객집단을 반드시 설정하고, 그들이 구매하고자 하는 이유를 빠르게 캐치해야 한다. 그리고 그들이 진정으로 보고 싶어 하는 몇 가지 부분을 간결하면서도 강하게 드러낼 수 있어야 한다.

7. 가격을 낮추는 것과 높이는 것

온라인에서는 무조건 저렴한 것만 잘 팔릴 것으로 생각하는 사람들이 많다. 그래서 상품이 많은 장점을 보유했음에도 불구하고, 경쟁품들의 평균보다 훨씬 낮은 가격을 책정하곤 한다. 그러나 모든 고객이 저렴한 제품만을 찾는 것은 아니다. 똑같은 상품이 A와 B스토어에서 가격 차이가 있다면, 좀 더 저렴한 A스토어에서 구매할 수는 있겠다. 그러나 상품이 다를 때, 고객은 조금 더 비싸더라도 구매할 이유가 있다면 기꺼이 구매할 수 있다. 처음부터 저가 전략으로 기획한 상품이 아니라면, 경쟁 상품의 평균보다 조금 높게 가격을 설정해보는 것도 방법이다.

우리는 마케팅을 진행하면서 이러한 7가지 과제 말고도 많은 문제에 직면하게 된다. 그리고 우리는 매 순간 선택을 하며 사업을 이끌어나가야 한다. 우리의 목표는 단순히 많이 파는 것이 아니라, 사업을 오랫동안 지속해야 하는 것임을 잊지 말아야 한다. 내가 부딪히고 선택한 7가지 선택에 대해 '나라면 어떻게 할지'에 대해 깊이 고민해보자.

변하는 것 vs 변하지 않는 것

제약회사에서 영업사원으로 시작한 나는 2015년에 마케팅 부서로 직무를 변경하게 되었다. 당시 회사의 메인 제품은 일본 수입 위장약인 '카베진 코와S'이었고, 마케팅팀에서는 TV와 신문광고를 중심으로 마케팅 전략을 기획하고 있었다. 그때 당시만 해도 온라인 광고는 주요채널로 인식되지 않았고, 어디까지나 대중광고의 보조 매체 정도로만 인식되었다.

TV와 신문광고의 비용은 대단히 높은 수준이었다. 특히 TV광고 비용은 마케팅 연간 전체예산 중 절반 이상을 차지했고, 효과적인 광고 CM(Commercial Message) 영상을 제작하기 위해 광고기획 회사와 함께 큰 노력을 기울였다. 그리고 TV와 신문광고 이후 전국적으로 판매 활동이 왕성하게 이루어졌다.

그러나 광고 효과를 분석하는 부분에서는 많은 의문이 들었다. 과연 TV나 신문광고를 정확히 몇 명이 접했고, 그로 인해 약국에서 제품을 구매한 소비자는 몇 명이나 될까? 엄청난 비용을 투입하고도 이를 정확하게 알 길이 없으니 답답한 상황이었다.

물론 효과를 측정하는 방법이 없는 것은 아니었다. 그 당시 TV 광고의 효과는 대표적으로 GRPs(Gross Rating Points)와 CPRP(Cost Per Rating Pount) 등의 지표가 있었다. GRPs는 광고 기간 동안 방송 평균 시청률에 광고를 게재한 수치의 합을 뜻했고, CPRP는 표적소비자 1%에 도달하는 데 들어가는 비용을 뜻했다. 대중광고의 효과 측정을 위해 오랜 시간 전문가들이 만들어낸 측정지표임에는 이견이 없었다. 그러나 과연 한 가구당 TV를 대체 몇 명이 본 것인지, 핸드폰을 보지 않고 광고를 온전하게 본 것인지는 알 수가 없었다. 무엇보다도 광고를 보고 약국으로 가서 구매한 사람의 수는 전혀 알 수가 없었다. 당시에는 이러한 지표가 가장 최선의 지표였기 때문에, 광고회사가 보고하는 GRPs 수치만을 가지고 '광고가 잘되었다, 부족했다'를 평가할 수밖에 없었다.

이후 미디어의 판도는 급격하게 변해갔다. TV 공중파 채널은 다양한 종편 채널의 등장으로 시청률이 점점 내려갔고, 종이 신문의 구독률은 급격하게 떨어졌다. 그리고 제품에 대한 정보를 기업의 홈페이지에서 찾기보다 네이버 블로그를 통해 찾는 빈도가 늘어났으며, 페이스북의 자리를 대신하는 '인스타그램'과 '틱톡'이 등장했다. 유튜브의 성장과 넷플릭스와 같은 OTT(Over The Top) 서비스의 등장으로 TV 시청률은 현재까지도 계속 감소하는 추세다.

자연스럽게 광고 부문에도 상당한 변화가 있었다. 모바일 매체를 통한 광고는 적은 예산으로도 시행이 가능했으며, 무엇보다 광고주가 원하는 성별, 연령, 지역, 관심사를 타깃팅할 수 있었다. 그리고 누가 얼마나 광고를 보았는지, 클릭은 몇 번이나 했는지, 그리고 광고를 보고 구매로 전환된 횟수와 매출액은 얼마인지에 대한 수치가 명확하게 보고서에 표시되었다. 예산 때문에 TV광고를 할 수 없었던 중소기업들도 너 나 할 것 없이 모바일광고 시장으로 뛰어들었고, 소비자에게 광고를 도달시키기 위해 경쟁은 더욱 심화되었다.

이러한 급격한 변화 속에서 나는 혼란스러울 수밖에 없었다. TV광고에 집중하던 시절에는 잘 만든 영상 하나만 있으면 사람들에게 두고두고 회자가 되었으며, 어렵지 않게 높은 매출을 기록할 수 있었다. 그러나 지금은 어떠한가? 모바일에서 광고 영상을 15초 동안 집중해서 보는 사람이 과연 몇 명이나 있을까? 그리고 홍수처럼 쏟아지는 광고로 인해, 한번 만든 영상을 소비자가 기억해주는 시간도 계속해서 줄어들고 있다. 또한, 매체의 발달로 인해 광고 상품이 마음에 들면 클릭해 바로 구매가 가능한 시대가 되었고, 소비자들도 이제는 그것을 당연하게 여기고 있다. '약국에서만 구입이 가능한 의약품'의 마케터로서 마케팅에 점점 어려움을 겪고 있는 현실이다.

그러나 변하지 않는 것도 있다. 바로 제품에 담긴 '가치'다. TV와 신문광고에서 모바일광고로 판도가 바뀌었음에도 불구하고, 카베진이 주는 효능·효과나 '양배추 유래 성분을 통한 위(胃) 건강'의 인식과 메시지에는 변함이 없다. 그사이 '카베진 코와S' 버전에서 리뉴얼을 거쳐 '카베진 코와α(알파)'로 변경도 되었으나, 소비자들의 인식에는 여전히 '양배추 위장약 카베진'이라는 글자로 남아 있다.

비록 우리의 눈앞에 드러나는 현상들은 계속 바뀔지라도 본질인 가치는 변하지 않는다. 새로운 광고매체가 등장하거나 기능성이 더 추가된 경쟁 의약품이 출시된다 하더라도, 꾸준히 '카베진 = 양배추 = 위 건강'에 대한 소구를 유지하는 이유가 '변함없는 본질적 가치' 때문이다. 그 변함없는 가치를 이해하고 사랑해주는 고객을 하나하나 찾아가는 것이야말로 마케팅의 진정한 목적이라고 생각한다.

단순히 유행만을 고려해 기획한 제품은 절대로 오래갈 수 없다. 가격 할인이나 다양한 프로모션을 통해 잠깐의 높은 매출은 기대할 수 있겠으나, 유행이 끝나자마자 사람들의 관심에서 완전히 잊히게 된다. 그리고 또 다음 유행 제품을 기획하기 위해 분주히 움직여야 한다. 결국, 매 순간을 바쁘게 움직이며 노력하지만, 사람들의 기억에 오랫동안 남긴 업적은 아무것도 없는 것이다.

얼마 전 SNS에 다이어트 건강기능식품 광고들이 붐을 이루었다. 심화되는 경쟁 속에서 광고들은 소비자들의 주목을 받기 위해, 점점 더 자극적인 광고 영상들을 제작하기 시작했다. 한 영상에서는 제품 효과를 측정하기 위해 참가자를 모집하고, 보름 후 체중이 얼마나 감소하는지를 보여주었다. 놀랍게도 영상의 마지막에는 참가자의 체중이 7kg이나 감소되는 효과가 나타났다. 자연스럽게 광고 영상의 반응수도 폭발적이었다. 게다가 영상의 댓글에는 '제가 속는 셈치고 먹어보았는데 진짜 효과가 있습니다', '저는 10kg이나 빠졌어요'와 같은 후기 댓글도 엄청 많았다.

인체 적용 시험 영상과 긍정적인 후기 댓글들로 인해 해당 제품은 엄청난 판매고를 올렸다. 그러나 한 유튜브 채널에서 해당 영상 광고에 대한 의혹을 제기하며 문제가 발생했다. 여러 가지 증거로 인해 실험에 참여한 사람들은 사전에 연출 약속이 된 연기자들이었고, 체험 기간은 '보름'이 아니라 '하루'로 밝혀졌다. 그리고 감소된 체중 데이터뿐만 아니라, 효과가 있었다고 밝힌 후기 댓글들도 판매자의 조작된 후기였다. 결국 해당 사건은 큰 이슈로 떠올라 해당 판매자는 과대광고로 신고를 당했고, 해당 상품은 영구 판매 중지되었다.

광고나 판매 스킬은 계속해서 변한다. 자신이 터득한 1~2가지의 방법만 있으면 어떤 제품이든 대량판매가 가능하다고 이야기하는 사람도 있다. 그러나 그 방법이 모든 제품에 검증되었을 리도 없을 뿐더러, 조금만 시간이 지나면 아무 쓸모도 없는 기술이 될 가능성이 크다. 한때 선풍적인 인기를 끌었던 '파워블로거'라는 개념은 이제 네이버에서 존재하지도 않는 개념이 되었다. 그리고 트래픽 조작을 통해 '블로그 상위 노출'을 보장한다던 한때의 기술도 알고리즘의 변화로 인해 모두 무용지물이 되었다.

자동차 브랜드 '볼보(Volvo)'는 판매량에서 1등을 달리는 브랜드는 아니다. 그러나 '안전한 자동차' 부문 인식 조사에서는 세계적으로 볼 때 매년 최고의 자리에 위치하는 브랜드다. 그들은 오래전부터 탑승자의 '안전'만을 위해 특별한 장치를 개발하거나 개선시켜왔다. 자연스럽게 소비자들에게는 볼보가 내세우는 '안전'이 구매를 해야 하는 절대적인 이유가 되었으며, 오랜 세월이 지났음에도 볼

보의 '안전'은 변하지 않는 본질적 가치로 남아 있다.

광고대행사는 현시점에서 가장 효과적인 광고기법을 개발해 광고주들에게 소개하며 영업을 한다. 그리고 광고주는 자신의 상품에 대한 가치를 알리는 방법으로, 적절하게 활용하면 건강한 시너지효과를 볼 수 있다고 생각한다. 그러나 상품의 가치에 대한 철저한 준비도 없이 광고에만 맹신하는 것은 매우 위험한 선택이다. 상품에 정립된 가치가 없다면, 빠르게 바뀌어가는 광고기법에 비용만 투입하고, 결국 아무런 소득도 남길 수 없게 된다. 아직도 많은 사람이 당장 눈앞의 매출금액에만 사로잡혀, 모든 역량을 광고나 판매 기술에 집중하는 경향이 있다.

우리가 정말로 집중해야 할 것은 바로 '변하지 않는 본질적인 가치'다. 본질이 없는 것은 변화와 함께 사라지지만, 본질이 있다는 것은 변화를 오히려 커다란 기회로 만드는 힘이 된다. 당신의 브랜드에서 변하지 않는 본질적 가치는 무엇인가?

한 채널에 집중하기 vs 채널을 확장하기

아내가 온라인 사업을 처음 시작하게 된 것은 네이버 스마트 스토어를 통해서였다. 당시 창업 인기 유튜버들의 영상에서도 온라인 사업은 스마트 스토어에서 시작하는 것을 추천했다. 스마트 스토어는 초보자가 시작하기에 굉장히 편리한 시스템을 갖추고 있었다. 상품 등록에 관한 메뉴들이 쉽게 이해가 되었고, 무엇보다도 상세 페이지를 작성할 때 텍스트와 이미지를 매우 깔끔하게 설정할 수 있는 것이 큰 장점으로 느껴졌다.

많은 편리함 때문에 나도 스마트 스토어에만 집중하며 아내의 쇼핑몰을 구축했다. 다른 쇼핑몰 입점은 생각하지 않은 채, 네이버 검색 결과의 순위 경쟁에만 매달렸다. 스마트 스토어만으로도 힘든

데, 다른 쇼핑몰까지 입점하게 된다면 너무 신경 쓸 게 많을 것 같다는 생각이 들었다. 이 부분은 아내도 같은 생각이었다. 아내는 스마트 스토어의 시스템을 공부하는 것도 벅찬데, 쿠팡이나 다른 오픈마켓에 입점을 하게 된다면, 아무것도 제대로 할 수 없을 것 같아 두렵다고 했다.

그래서 아내와 나는 한동안 스마트 스토어에서만 판매를 진행했다. 상세페이지를 계속 수정하고 유입 키워드를 잡는 방법에 대해 꾸준히 연구하다 보니 판매량이 점차 늘기 시작했다. 그러면서 위탁판매의 비중을 줄이고, 과감하게 제품을 사입해 판매를 시작하게 되었다. 아내는 주문이 들어오면 직접 작성한 손 편지와 함께 제품을 포장했고, 발송은 집 근처 편의점 택배를 이용했다. 주문량이 일정하지 않아 택배사와 계약하기는 어려웠고, 아내가 운동도 할 겸 편의점으로 직접 보내겠다고 의지를 보였기 때문이다.

사입한 제품의 판매량이 증가하면서 자신감이 생겼었다. 그래서 '나만 판매할 수 있는 제품'에 대한 갈망이 생기게 되었다. 이때, 처음으로 온라인 스토어를 운영하던 친구 2명과 함께 공동으로 건강기능식품 OEM 제조를 하게 되었고, 각자 판매 채널을 분산해 충돌이 발생하는 것을 막았다. 나는 스마트 스토어에서만 판매하고, 한 친구는 쿠팡에서만, 그리고 다른 한 친구는 11번가와 지마켓 등 다른 오픈마켓에서만 판매하기로 했다.

OEM 제조를 위해 큰돈이 들어가다 보니, 다른 비용은 어떻게든 아끼고 싶었다. 그래서 제조한 물량에 대해 창고를 따로 임대하지 않고, 집에다 보관하는 방법을 선택했다. 그러다 보니 아파트 베란다가 꽉 차서 창밖이 보이지 않는 불상사가 발생하기도 했다.

스마트 스토어에서 판매량이 조금씩 증가하는 것은 기쁜 일이었지만, 아내가 직접 포장을 해서 편의점까지 들고 가는 물량이 증가하게 되니 한편으로는 걱정이 되었다. 아내는 괜찮다고 했지만 비가 오거나 주문이 많은 날에는 계속 신경이 쓰였다. 또한, 한 채널만 관리하는 것인데도 아내 혼자 해결해야 할 업무들이 너무 많아 보였다. 그러면서도 집에 한가득 쌓여 있는 재고들을 보니 한숨이 나올 정도로 마음이 무거웠다. 아내에게 구축해주고자 한 시스템이 과연 이게 맞는지 의문이 들었고, 나는 대책을 찾아야만 했다.

나는 과감하게 판매 채널을 늘리기로 결정했다. 그동안 신경 쓰지 않았던 쿠팡, 11번가, 옥션, 지마켓 등 모든 채널에 입점하기 시작했다. 그리고 물류는 자택 보관과 편의점 택배 이용을 중단하고, 3PL(삼자물류) 업체와 계약을 맺어 보관과 배송을 해결했다. 물류 업체에서는 쇼핑몰의 주문을 직접 수집한 후 포장 및 배송, 그리고 송장 입력까지 대행하는 '풀필먼트' 서비스를 제공했다. 3PL의 택배

비용은 편의점 택배에 비해서 높은 단가였지만, 아내가 주문 수집과 포장, 배송 업무와 같은 '노동'에서 벗어날 수 있었던 점을 생각하면 훨씬 더 경제적이었다. 그 때문에 아내와 나는 판매 활동에만 집중할 수 있게 되었다.

매출 증대 부분에서도 판매 채널을 확장한 것은 큰 도움이 되었다. 물론 처음에는 어려움을 겪기도 했다. 각 오픈마켓마다 시스템이 상당히 달랐기 때문이다. 상품 등록까지는 스마트 스토어와 엇비슷하게 할 수 있었으나, 제품이 노출되는 과정에서는 알고리즘이 확실하게 다르다는 것을 느낄 수 있었다. 그러나 물류에 투입되는 시간을 아꼈기 때문에, 아내와 나는 오픈마켓별로 여러 가지 시도를 해보며 공부를 할 수 있게 되었다. 스마트 스토어에 비해서 많은 매출이 발생하지는 않았지만, 전체적으로 보았을 때 재고 소진 속도가 높아졌다는 점이 가장 만족스러웠다.

이후 상품의 경쟁력을 더 높이기 위해, 최초로 건강기능식품 단독 OEM 제품을 제작했다. 초도 제작 물량은 상당히 많았으나, 계약된 물류창고가 있었기에 큰 어려움은 없었다. 그리고 그 제품을 하루 평균 20개 판매를 목표로, 6개월 이내에 소진시키겠다는 계획을 세웠다. 그러려면 스마트 스토어 하나로는 절대적으로 부족했고, 다양한 판매 채널이 필요했다. 오픈마켓별로 주요검색어의 차이가 컸기 때문에, 카테고리 인기검색어를 위주로 분석해 키워드 광고의 효율을 높이는 데 집중했다. 그 결과 1차 제작 물량은 5개월 안에 완판을 기록했다.

　온라인 사업을 처음 시작하시는 분들은 내게 "처음 시작할 때 한 채널에만 집중해야 할까요? 아니면 모든 채널에 다 입점을 하면서 진행하는 것이 좋을까요?"라는 질문을 자주 한다. 사실 정답은 없기 때문에 난처한 질문으로 느껴졌지만, 내 경험으로 비추어보아 일정 기간 동안은 한 채널에 집중해보라고 말씀드린다. 물론 시작부터 모든 채널에 입점해, 모든 곳에서 매출이 잘 나온다면야 얼마나 좋겠는가. 그러나 처음 시작하시는 분들이기에, 자신이 가장 자신 있는 한 채널에서 경쟁력을 높일 수 있는 방법을 익히라고 말씀드린다.

　입점한 채널이 많으면 다양한 매출 발생의 기회를 얻을 수 있다. 그러나 전업으로 사업을 하시는 분이 아니라면, 채널별로 들어오는 주문과 문의들을 내가 얼마나 수용할 수 있는지도 따져보아야 한다. 최근에는 '사방넷'과 같은 통합관리서비스를 통해 모든 쇼핑몰에서 발생하는 주문과 Q&A, 클레임을 한 번에 간편하고 쉽게 처리할 수 있다. 그리고 풀필먼트를 제공하는 3PL 업체를 통해 제품 보관 및 발주 업무를 대행시킬 수 있어, 소중한 시간을 아낄 수 있게 되었다. 채널 확장을 고려하는 개인 사업자라면, 이러한 효율성을 높여줄 수 있는 시스템을 먼저 구축하는 것을 추천한다. 단, 비용이 발생하는 서비스인 만큼 가격 전략 수립 시 수익성을 잘 따져보아야 한다.

사실 모든 채널을 동일한 에너지로 신경 써서 관리하는 것은 쉬운 일이 아니다. 한 가지의 채널만 깊이 파고드는 것도 매우 많은 시간이 요구되기 때문에, 여러 가지를 동시에 다 잘할 수는 없다. 그래서 많은 채널을 운영하게 된다면, 채널별로 목표 매출금액과 운영 방식을 미리 설정해두는 편이 좋다. 만약 쇼핑몰 관리에 많은 시간을 들일 수 없는 환경이라면, 운영 방식을 더욱 확고하게 정해두어야 한다.

아내는 오전에 어린이집 보조교사로 일을 하고, 퇴근 후에는 가사와 두 자녀의 육아를 해야 하기 때문에 온전히 쇼핑몰 업무에 집중할 수 없는 환경이다. 나도 가끔 퇴근 후 쇼핑몰 업무에 관여해보지만, 1시간 이상 집중하기가 어렵다. 그렇기 때문에 오픈마켓별로 목표 매출과 광고 비중을 다르게 설정해 하루하루 문제없이 잘 진행되고 있는지 체크하는 데 힘쓰고 있다.

지금까지 스마트 스토어나 쿠팡과 같은 온라인 판매 채널에 관해, 나의 경험에 근거한 생각을 밝혔다. 오픈마켓마다 그들의 경쟁력을 강화하기 위해 다양한 기능과 프로모션을 계속해서 개발 중이며, 판매자가 그 안에서 성장하기 위해 해야 할 활동은 사실 무궁무진하다고 보아야 한다. 그러나 앞에서 밝혔듯, 나는 이 책의 주요 독자층이 온라인 사업을 처음 시작하거나, 시작을 고민하고 있는 분들이라고 생각한다. 그렇기 때문에 오픈마켓 채널에서의 특별한 기술을 언급하기보다, 장기적이고 안정적인 운영 방법을 먼저 구상하는 것이 더 중요하다고 말하고 싶다. 짧은 시간을 투입하더라도 전체적인 관리가 가능해야 한다. 그래야 지치지 않고 지속할 수 있다. 그리고 우리가 가장 많은 시간을 투입해야 하는 부분은 채널 운영이 아니라, 어디까지나 우리 상품의 본질적 가치를 찾아내는 데 있다.

MARKETING

4장

잘 사게 만드는 사람들의
7가지 마케팅 기술

MARKETING

잘 지은 이름이 마케팅의 운명을 결정한다

세상에는 이미 수많은 종류의 제품들이 존재하지만, 매일 새로운 제품들이 시장에 도전장을 내밀며 출시되고 있다. 그리고 치열한 경쟁과 기술의 발달로 제품 간의 품질 차이는 점점 줄어들고 있다. 소비자는 기능적인 만족을 얻기 위해, 어떤 기업의 제품을 선택해도 큰 차이가 없는 현실인 것이다. 기능적 차별화가 점차 어려워지고 있기에, 기업들은 '브랜드 전략'을 통해 경쟁에서 우위를 차지하려고 한다. 그래서 기업들은 브랜드의 얼굴이자, 모든 의미를 한 번에 담아내는 '이름'을 최선으로 나타내기 위해 큰 비용까지 지출하며 사활을 건다.

'이름'의 사전적 의미는 '다른 것과 구별하기 위해 사물, 단체, 현상 따위에 붙여서 부르는 말'이다. 그러니 다른 것과 구별이 필요한 모든 것에는 이름이 존재한다. 사람도 태어나 행정적·사회적으로 구분되기 위해 부모님이 지어주시는 이름을 부여받는다. 그리고 자신이 '인정받고 싶어 하는 이미지'를 '이름'으로 사람들에게 인식시키고자 열심히 살아간다. 부모 역시 자식의 이름에 큰 의미와 가치를 담기 위해 작명가와 같은 전문가를 찾는 노력을 한다. 이렇듯 사람들의 이름은 아무렇게나 짓지 않았고, 저마다 깊은 고민을 거치며 의미를 내포하는 문자들로 지었다.

기업의 브랜드와 제품도 마찬가지다. 소비자는 브랜드의 '이름'에서 느끼는 의미를 통해 제품과 회사에 대한 판단을 내린다. 그렇기 때문에 기업은 경쟁업체의 브랜드와는 '구별되기' 위해, 소비자들에게는 '기억되기' 위해 엄청난 시간과 노력을 들여 이름을 탄생시킨다. 그래서 이러한 '네이밍 전략'은 단순히 예쁘고 멋있는 이름을 짓는 것에 그치지 않는다.

기업은 제품에 이름을 부여하고, 제품에 대한 세부적인 내용을 알리기 위해 큰 비용을 쓴다. 그리고 'ㅇㅇㅇ가 광고하는 샴푸'와 같이 유명 연예인을 TV광고에 등장시키는 등, 제품명을 기억하는 데 뒷받침해줄 다양한 요소를 활용한다. 만일 제품을 쉽게 연상시킬 만큼 잘 지어졌다면, 광고에 들어갈 비용은 그만큼 줄어들 것이다. 반대로 제품과 전혀 매칭되지 않는 어색한 이름이라면, 제품을 소비자에게 인지시키기 위해 더욱 많은 요소가 필요하게 되어 비용은 많이 증가할 것이다. 이렇듯 브랜드 네이밍 전략은 기업의 마케팅 활동에서 매우 큰 비중을 차지할 정도로 중요하다.

그러면 브랜드의 이름은 어떻게 지어야 소비자에게 더욱 효과적으로 다가갈 수 있을까? 네이밍 전문가들은 다음의 7가지 사항들을 체크해 이름을 짓는 것을 권장한다.

1. 제품이 바로 떠오를 수 있는 직관적인 이름인가?
2. 제품의 특성이나 기능이 드러나는 이름인가?
3. 제품의 카테고리에 어울리는 이름인가?
4. 발음하기에 쉽고, 불편함 없는 이름인가?
5. 다른 제품과 차별화가 되는 이름인가?
6. 친숙함이 느껴지는 이름인가?
7. 기억하기 쉬운 이름인가?

약 1년 전 나는, 아내 쇼핑몰의 경쟁력 강화를 위해 단독 건강기능식품 OEM 제품 생산을 계획했다. 시장 조사 후 '관절 영양제' 부문으로 목표 카테고리를 세웠고, '가족의 무릎 건강에 걱정이 많고, 선물을 하기 위해 온라인으로 건강기능식품을 자주 구매하는 30~40대'를 타깃 고객으로 세웠다. 그리고 나는 목표 시장을 더 세분화하기 위해 많은 관절 부위 중 '무릎' 건강에 집중하기로 했다. 당시 온라인에서 판매하는 관절 건강기능식품의 수는 많이 있었으나, 제품명이 '관절건강○○○, 조인트□□□'로 변별력이 크지 않은 이름들이 대부분이었다.

내가 제약회사에 다닌다는 이유로, 부모님과 친척들은 무슨 약이나 건강기능식품을 사줄 수 있냐고 많이들 여쭈어보신다. 그런데 자신이 복용한 제품의 이름을 제대로 기억하고 문의를 하신 분은 거의 없었다. 그래서 나는 제품을 만들 때, 이름만큼은 분명히 기억하게 만들고 싶었다. 선물 받은 제품을 다 섭취하고 자녀에게 또 사달라고 할 때, 분명하게 제품명으로 말할 수 있는 상황을 생생히 머리에 그렸다. 그리고 자녀도 부모님께 선물을 할 때 그 의미를 제품의 이름에 담으면, 선물에 가치가 더 올라갈 것이라고 확신했다.

그렇게 나의 첫 관절 영양제 제품은 '무르피라(MUREPIRA)'라는 이름으로 탄생하게 되었다. '불편한 무릎을 당당하고 힘차게 펴라!'라는 느낌을 직관적으로 나타내고 싶었으며, 경상도 사투리를 활용한 위트로 쉽고 오랫동안 기억에 남기고 싶었다. 사실 제품명 기획 당시, 아내와 주변 지인들의 반대와 우려가 상당했다. 건강기능식품의 이름은 진중해야 할 것 같은데, '무르피라'라는 이름은 너무 장난스럽고 가벼워 보일 것 같다고 했다. 그러나 나는 목표 고객에게 '무르피라'만큼 직관적이면서 변별력이 높은 네이밍은 없을 것이라 확신하고 밀어붙였다.

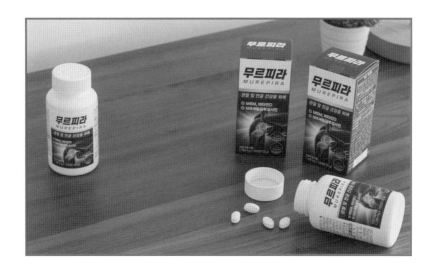

결국 기획한 이름 그대로 출시를 하게 되었고, 다행스럽게도 판매가 잘 이루어져 초도 제작 물량을 계획한 기간보다 빠르게 완판시킬 수 있었다. 더 고무적이었던 것은, 구매 전환 키워드 1위가 '무르피라'였던 것이다. 초반에는 '관절'과 관련된 키워드로 고객들에게 접근했기 때문에, '관절 영양제'와 같은 단가가 높은 키워드로 광고를 진행할 수밖에 없었다. 그러나 제품 노출빈도가 올라가며, 소비자들이 '무르피라'라는 제품명으로 검색을 하기 시작했다. 해당 제품명은 우리의 단독 제품이었기 때문에, 모든 구매는 아내의 쇼핑몰에서만 이루어졌고, 광고비도 자연스럽게 줄어들게 되었다. 그리고 '무르피라'는 현재까지도 재주문뿐만 아니라, 월간 검색량도 계속 늘어나고 있는 추세다.

제품의 이름은 많은 것을 고려해야 한다. 많은 경쟁품들 사이에서도 고객의 눈에 쉽게 띄어야 하며, 이름만으로도 어떠한 제품인지 유추가 가능해야 한다. 마지막 사용단계에서도 회상이 될 만큼 쉬운 이름이어야 하며, 긍정적인 이미지가 연상되어야 한다. 이처럼 제품의 이름을 결정한다는 것은 절대로 쉬운 일이 아니다.

그러나 아직도 많은 기업에서는 이러한 부분을 고려하지 않은 채, 단순히 자신들의 입장에서만 만족하는 이름을 짓는 경향이 있다. 이러한 경우는 '기업의 경영진'을 만족시키기 위한 네이밍 전략으로, 무조건 고급스러워 보이고 어려운 영어단어들을 사용하려고 한다. 영어문장의 약어로 만든 이름이 아무리 멋있어 보인다고 해도, 소비자가 그 내포한 의미를 알지 못한다면 아무 소용이 없다.

'네이밍'은 모든 브랜드 전략의 첫 단추이자, 전략 단위들을 하나로 묶어주는 중요한 연결고리다. 그리고 쉽게 기억할 수 있는 이름 하나로 인해, 기업의 광고비용을 상당히 아낄 수도 있다. 잘 지은 이름이 마케팅의 운명을 결정한다. 따라서 우리는 네이밍을 위해 고객의 입장에 서야 한다. 조사를 통해 우리가 정말로 원하는 고객이 누구인지, 그리고 그 고객층의 성향과 생활패턴이 우리의 제품 이름을 쉽게 기억할 수 있을 것인가에 대해 깊이 분석해야 한다.

당연한 것에 놀라게 하라

연인이나 직장동료들 사이에서 원만한 관계를 유지하기 위해서는 어떻게 해야 할까? 관계가 좋은 사람들 사이에서는 '사랑과 응원, 그리고 감사하다'라는 말을 서로 자주 주고받는다. 어쩌면 당연하고도 뻔하게 느껴지는 이러한 표현들을, 그들은 서로에 대한 존중이라 생각하며 적극적으로 표현한다. 이러한 표현들이 너무 당연해서 서로에게 말로 전달하지 않는 경우도 많다.

'내가 말 안 해도 다 알고 있을 거야.'

'쑥스럽기도 한데 굳이 말로 할 필요가 있을까?'

많은 사람들이 이렇게 생각하지만, 정작 자신은 그런 당연한 말을 자주 듣고 싶어 하는 것이 사람의 심리다. 그래서 서로 간에 '당연한' 표현들이 생략된 관계는 점점 어색해지고 나빠지기 쉽다.

마케팅에서도 마찬가지다. 사람들은 저마다의 제품에 대해, 특별하고 새로운 가치를 찾아내기 위해 분주히 노력한다. 그러나 특별한 것을 찾는 것에만 신경을 쓴 나머지, '당연하다고 생각되는' 기본적인 요소가 생략되는 경우도 종종 발생한다. 판매자가 당연하다고 여기는 부분은 고객도 당연하게 받아들여서 관심이 없을 것이라는 착각을 하기 때문이다.

어떤 판매자가 '글루코사민 관절영양제'를 판매한다고 가정해보자. 판매자는 글루코사민 성분이 '관절과 연골 건강에 도움을 줄 수 있음'이라는 문구는 너무 당연하다고 생각해, 고객도 크게 관심이 없을 것이라 생각한다. 그래서 포장의 형태나 정제의 크기와 같은 다른 요인에서만 차별성을 찾으려고 한다.

그러나 판매자가 착각해서는 안 될 부분이 있다. 고객이 글루코사민 제품을 찾는 진짜 이유는 어디까지나 '관절 건강'을 위해서라는 점이다. 고객의 입장에서 보았을 때, 이 제품이 과연 '나의 불편한 관절을 건강하게 해줄 것인가'가 가장 궁금하다. 그래서 '관절 건강에 도움을 주는 글루코사민입니다'라는 이 당연한 문구를 발견하고 나서야, 고객은 비로소 안심을 하게 된다.

글루코사민 제품을 자주 섭취해본 고객도 많이 있겠지만, 처음 섭취해보기 위해 검색하는 고객이 아마 더 많을 것이다. 그리고 주변 지인들로부터 글루코사민이 관절에 좋다는 이야기를 얼핏 들었을 수는 있지만, 고객이 판매자보다 제품에 대한 지식과 정보를 더 갖춘 경우는 흔하지 않다. 그래서 판매자는 그 당연한 이야기를, 소비자가 더 쉽게 발견할 수 있도록 위치시켜야 한다.

'이 정도로 표시해두면 고객들이 알겠지?'라고 생각해서는 안 된다. 고객은 그들이 보고 싶어 하는 것을 보기 위해 당신의 쇼핑몰에 들어온다. 그래서 당연한 사실을 더욱 명확하게 드러내어야 하며, 그것들을 더욱 돋보이게 만들어 고객들이 사고 싶게끔 만들어야 한다. 당연한 사실들을 돋보이게 만드는 방법은 어떤 것들이 있을까?

당연한 상식을 놀라운 정보로

만일 내가 어렴풋이 알고 있는 상식에 대해 누군가가 자세히 설명해준다면, 나는 그것을 매우 주의 깊게 들을 것이다. 그리고 그 설명이 쉽고 명확해서 완전히 이해하게 된다면, 설명해준 사람을 '믿을 수 있는 전문가'로 인식하게 될 것이다. 또한, 당연하다고 여겨온 상식에 대해 전문성을 갖춘 새로운 정보로 받아들일 확률이 높다.

예를 들어, 한 고객이 '양배추는 위에 좋다'라는 것을 상식적으로 인지하고, 위를 건강하게 하기 위해 '양배추로 만든 건강식품'을 찾는다고 가정하자. 많은 판매자들이 '위에 좋은 양배추가 함유되어 있습니다'라고 하며 변별력 없는 문구들만 나열할 때, 누군가가 만약 '양배추에는 손상된 위벽을 치유하고 위 점막을 보호해주는 비타민U 성분이 들어 있습니다'라고 한다면 어떨까? 당연한 상식에 세부 정보를 추가함으로써, 고객의 이해도와 신뢰도를 동시에 향상시킬 수 있다. 그리고 여기에 양배추의 효능과 관련된 논문자료, 데이터로 표시된 설문조사 결과 등이 추가가 된다면? 고객에게 훨씬 더 전문적인 제품으로서의 인식을 높일 수 있다.

똑같은 양배추 제품이라도, 당연한 사실을 어떻게 설명하느냐에 따라 '더 나은 제품'으로 인식될 가능성이 크다. 그리고 고객은 판매자를 전문가로 인정하게 되어 그가 판매하는 모든 제품에 대해 호감도가 상승할 것이다.

사람은 보편적으로 '보고 싶은 것만 보고, 듣고 싶은 것만 들으려고' 하는 경향이 있다. 이를 심리학에서는 '확증편향'이라고 하며, 또 다른 말로 '자기중심적 왜곡'이라 부르기도 한다. 제품에 아무리 많은 장점이 있다고 이야기해도, 고객은 자신이 찾고자 하는 정보가 초두에 나오지 않으면 '필요 없는 제품'으로 인식해버리기 쉽다.

그러니 우리는 '고객의 입장'에서 당연히 있어야 할 요소가 무엇인지 고민해보아야 한다. 그리고 그 요소에 무엇을 더해야 놀라운 정보로 바꿀 수 있는지 깊이 연구해야 한다.

당연했던 단점을 놀라운 장점으로

당연한 상식을 전문적인 정보로 바꾸는 방법이 있는가 하면, 반대로 '부정적인 인식'과 '단점'을 장점으로 승화시키는 방법도 있다. 대표적인 사례로 맥도날드의 마케팅 전략이 있다.

일반적으로 '패스트푸드'는 건강하지 않다는 인식이 강하다. 그래서 '맥도날드'는 이러한 단점을 극복하고 위해 많은 노력을 했고, 결과적으로 성공적인 사례들을 다수 남겼다. 프랑스 지사에서 '어린이는 일주일에 한 번만 방문하세요!'라는 문구로 광고를 진행했고, 영국에서는 어린이 축구교실을 대대적으로 지원하는 캠페인을 펼쳤다. 패스트푸드가 비만을 야기한다는 사회적 분위기를 극복하기 위해, '어린 소비자의 건강까지 생각하는 기업'이라는 이미지를 전달하려고 했다. 이는 부모 고객층의 시각을 긍정적으로 변화시키는 데 성공했으며, 더 많은 고객들을 맥도날드로 오게 만드는 결과를 낳았다.

또 다른 예도 있다. 2005년 '오뚜기'의 진라면 광고는 매우 인상적이었다. "진라면이 대한민국에서 가장 많이 팔리는 라면은 아닙니다. 이렇게 맛있으면 언젠가는 1등도 하지 않겠습니까?"라는 광고 문구는 독특하고, 역발상적인 아이디어로 많은 화제가 되었다. 당시 자신들의 라면 판매량은 1등이 아니라는 사실(단점)을 드러내면서도, '맛있기 때문에 결국 1등을 할 것이다'라는 의지가 가득한 멘트는 소비자들에게 호감(장점)으로 다가왔다.

세상에 완벽한 제품은 없다. 그리고 모든 제품은 저마다의 장점과 단점을 모두 지니고 있다. 그래서 단점을 숨기고 장점만을 이야기하는 방법도 있겠지만, 단점이 고객에게 장점으로 느껴지게끔 할 수 있다면 그 효과는 더욱 커진다. 같은 말이라도 '아 다르고, 어 다르다'라는 말이 있듯이, 표현하는 방법마다 듣는 사람이 받아들이는 기분이 다르다.

의약품은 효과가 강력할수록 부작용도 강한 특성이 있다. 따라서 상대적으로 효과가 떨어지는 약은 '부작용 걱정을 덜어낸, 순한 성분 함유'라는 표현으로 더욱 돋보이게 할 수 있다. 그리고 필터의 차단력이 상대적으로 부족한 마스크는 '숨쉬기 편한' 마스크로 장점을 어필할 수 있다. 우리가 어떻게 표현하느냐에 따라, 감추고 싶은 단점은 드러내고 싶은 장점으로 얼마든지 바꿀 수 있다.

미국의 시인이자 영화배우였던 '마야 안젤루(Maya Angelou)'는 이렇게 말했다. "항상 정상적인 범주에만 머문다면 당신이 얼마나 대단한 존재인지 알 길이 없다." 우리는 눈앞에 보이는 많은 것들에 대해 당연시하며 살아간다. 사람과의 관계나 업무성과에서도 우리 스스로가 이러한 것들을 당연한 것으로 치부하고 표현하지 않는다면,

다른 사람들이 나의 진심과 열정을 알아줄 길이 없다. 우리의 상품도 마찬가지다. 너무 흔한 장점이라고 생각하거나, 알리고 싶지 않은 단점이라고 생각된다고 해서 표현하지 않는 것은, 고객들이 내 상품의 진정한 가치를 알아보지 못하도록 가리는 것과 같다.

고객의 입장에서 상품에 당연히 드러나야 할 요소는 어떤 것이 있을까? 그리고 그 당연한 것을 어떻게 표현해야 고객을 놀라게 만들 수 있을까?

스토리가 있는 제품은 강렬하다

필요 이상으로 많은 상품이 존재하는 시대다. 그리고 더 이상 신제품이 세상에 출시되지 않는다고 하더라도 우리는 살아가는 데 큰 지장이 없다. 제품이 좋다고 해서 고객들에게 사랑을 받는 시대는 끝이 났다. 어지간한 혁신적인 기술이 아니고서야, 기업에서 내세우는 기능적 장점들은 더 이상 주목을 받지 못한다.

기술의 혁신만을 이루게 된다면, 제품은 수많은 고객의 주목을 받아 불티나게 팔릴까? 분명 아닐 것이다. 그 제품은 잠깐의 주목을 받을 수는 있겠으나, 판매량은 기존의 제품보다 현저히 떨어질 수도 있다. 이유는 무엇일까? 소비자는 그 혁신적인 기술이 '무엇을 위해서, 어떻게' 탄생했는지를 모른다. 그래서 새로운 기술에 대해 공감하기가 어렵고, 받아들이는 것이 불편하다. 많은 기업이 새로운 기술을 개발하고도, 이러한 캐즘 현상을 극복하지 못해 사라지거나 침체되고 만다.

'기능성에 대한 소구'가 한계에 다다른 지금, 우리는 과연 어떤 것으로 소비자들의 기억에 남을 수 있을까? 아마 자존감과 같은 '심리에 대한 소구'일 것이다. 사람은 무뎌지기 시작하면 점점 더 강한 자극을 받기를 원한다. 그리고 제품을 사용하면서 나를 표현하기를 원한다. 그래서 저렴하면서도 기능이 좋은 제품은 지천으로 널렸기 때문에, '더 나를 위한 것'이라는 느낌을 주는 제품을 찾는다. 그리고 제품이나 브랜드가 자신을 위해 만들어진 것과 같은 느낌을 받게 되면 오랫동안 기억하고 각별하게 생각한다.

'나를 위해 탄생하게 된 브랜드, 제품의 이야기', 이것이 바로 '스토리'다. 스토리는 사람들의 감정을 자극해 오랫동안 기억하게 만들고 특별한 존재로 여기게 하는 힘이 있다.

내가 아이스크림 브랜드 '오슬로(O'slo)'의 매장에 방문했을 때, 특별한 브랜드 스토리를 접할 수 있었다. 매장에 방문하면 이러한 문구를 볼 수 있다.

'아삭한 식감을 위한 60초의 기다림.

오슬로는 고객에게 가장 맛있는 식감을 느낄 수 있도록 냉장고

에 60초 보관 후 제공해드립니다.'

아이스크림을 먹기 위해 60초라는 시간을 기다려야 했지만, '고객을 위해 최상을 맛을 준비한다'라는 이유로 인해 60초가 즐거운 기다림으로 변했다. 그리고 60초 동안 기다리며 냉장고에서 보관되는 나의 아이스크림 모습을 볼 수 있었음과 동시에, 아래의 문구를 읽을 수 있었다.

'맛있게 보이기 위한 것이 아니라 맛있는 것을 위해서 노력했습니다. 본질에 충실하기 위해서 더하기보다는 빼기 위해 노력했습니다. 오슬로는 하루를 숙성시킨 원재료와 신선한 생우유로 직접 만든 건강하고 순수한 요리입니다. 이제, 오리지널 슬로우 아이스 오슬로의 이야기가 시작됩니다.'

60초를 기다리며 오슬로 브랜드에 대한 스토리를 읽을 수 있었다. 아이스크림의 가격대는 조금 높게 형성되어 있었지만, 스토리를 읽고 나니 아이스크림 하나로 내가 특별한 대우를 받는다는 느낌을 받았다. 나의 건강을 위해 좋은 재료와 함께 특별한 노력을 더했다고 하니 가격이 높다는 생각이 들지 않았다. 60초라는 긴 대기시간과 높은 가격대라는 단점을, 멋진 브랜드 스토리 하나로 나에게 특별한 기억으로 남게 해주었다.

주변 지인 중 명품 손목시계를 좋아하는 분들이 많다. 그들은 스마트워치나 전지로 움직이는 '쿼츠(Quartz)'보다 움직일 때마다 자동으로 태엽이 감겨 움직이는 '오토매틱(automatic)'시계를 더 선호한다. 손목시계의 본질적인 기능은 언제 어디서나 오차 없이 정확한 시간을 사용자에게 알려주는 것이다. 오토매틱 시계가 아무리 정교하게 개발되더라도, 스마트워치와 같은 GPS 기반의 전자시계보다 정확할 수는 없다. 그런데 전자시계에 비해 가격은 엄청 비싸다. 그리고 벗어두면 시계가 멈추기 때문에 와인더에 보관해 지속적으로 움직이게 해야 한다. 또한, 4~5년 주기로 전문 매장에서 오버홀 (overhaul) 관리를 받아야 한다. 이렇게나 불편한 점이 많은 오토매틱 시계를 사람들은 왜 이렇게나 좋아할까? 명품에 대한 과시욕도 있을 수는 있겠으나, 나는 강력한 브랜드의 스토리에서 이유를 찾는다.

명품 시계 브랜드에서는 '헤리티지(Heritage)가 담긴 오래된 역사, 고도로 숙련된 기술력과 품질의 기업이념, 한 치의 오차도 허용하지 않는 장인정신, 그리고 크로노미터(chronometer) 인증을 받은 무브먼트(movement). 당신의 성공과 열정을 위해 이 모든 것을 담아 탄생시켰습니다'라고 성공을 꿈꾸는 사람들에게 브랜드 스토리를 전달한다. 그리고 고객들은 오토매틱 명품시계가 훨씬 비싸고 편리함이 떨어질지라도, 장인의 손길과 정밀하게 돌아가는 부품들이 성공을 지향하는 자신을 상징한다고 여긴다.

기능적 소구보다 훨씬 더 강렬한 힘이 있는 것이 바로 '스토리'
다. 훌륭한 스토리는 고객으로 하여금 스토리의 '주인공'이 되고 싶
은 욕구를 일으킨다. 그리고 제품의 기능적 편익에 만족하는 것이
아니라, 브랜드가 추구하는 상징적인 가치를 통해 자신을 증명하려
고 한다. 사람들이 단지 글씨가 잘 써진다는 이유로 몽블랑 만년필
을 구매하지는 않는 것처럼 말이다.

이처럼 고객이 우리의 브랜드를 좋아하고 제품을 기억하기 위해
서는, 브랜드와 제품에 강렬한 스토리를 담아야 하는 것이 필수인
세상이 되었다. 좋은 브랜드의 스토리를 쓰기 위해서는 어떤 점이
중요할까?

첫 번째로 브랜드를 시작한 '분명한 이유'다. 우리는 돈을 벌기
위해 사업을 시작했을 수도 있지만, 브랜드를 탄생시킨 이유는 돈
말고도 분명히 다른 이유가 있을 것이다. 이전의 불편했던 경험,
미술작품에서의 영감, 우리가 주고자 하는 경험, 혁신적인 소재 등
다양한 계기가 있을 수 있다.

두 번째로 '주인공'이다. 브랜드 스토리의 주인공은 브랜드도 아
니며, 우리 자신이 되어서도 안 된다. 바로 고객이 주인공이 되어
야 한다. 고객은 우리가 만든 스토리 안에서 위기를 극복하고 행복

한 결말을 맺는 주인공이 된다. 그리고 브랜드는 주인공의 조력자 역할을 한다. 브랜드는 주인공이 위험에 처했을 때 나타나 손을 내밀어주고, 행복한 결말을 맺도록 늘 곁에서 도움을 준다.

침구 브랜드 '몽제(MONGZE)'의 브랜드 스토리를 사례로 들어보자.

'숙면은 지친 일상을 회복시켜 우리의 몸과 마음을 건강하게 만드는 힘이 있습니다. 건강의 소중함이 특별하게 다가오는 요즘, 매일 밤 사랑하는 사람에게 건네는 '잘 자'라는 말에는 가족의 건강을 최우선으로 바라는 당신의 마음이 담겨 있습니다.

몽제는 당신의 다정한 인사를 닮아 우리 가족이 편안하고 특별한 숙면을 통해 건강한 삶을 이어나가길 바라는 마음에서 시작된 브랜드입니다.'

몽제는 '특별한 숙면으로 건강한 삶을'이라는 이유를 브랜드 스토리에 담았다. 그리고 가족의 건강을 생각하는 고객이 주인공이 되며, 브랜드가 든든한 조력자로 나타나 있다. 이러한 확고한 브랜드 스토리를 통해 몽제는, 국내 소비자에게 사랑받는 매트리스 브랜드의 평판에서 1위를 차지했다(한국기업평판연구소 2022년 7월 빅데이터 분석 결과).

스토리가 있는 제품의 힘은 그 무엇보다도 강렬하다. 싸고 좋은 제품들이 넘쳐나고, 제품 간 변별성이 점점 떨어지는 현시점에서 '스토리'는 필수 요소가 되었다. 고객은 더 이상 기능에만 만족하지 않는다. 그리고 그들은 브랜드를 구매하고 사용함으로써, 내가 누구인지를 세상에 알리고 싶어 한다. 그래서 브랜드의 스토리는 그들을 주인공으로 삼아야 하고, 그들이 원하는 미래를 브랜드와 함께 꾸려가도록 설정해야 한다. 우리의 브랜드 스토리에서 고객은 어떠한 여정을 펼쳐나갈 것인지 생각해보자.

공감하라, 고객의 의심이 풀린다

어렸을 적 나는 별자리와 혈액형별 다양한 성격 테스트에 종종 참여하곤 했다. 그리고 최근에는 가장 인기가 많은 'MBTI 성격유형검사'에도 참여했다. 나는 황소자리, A형, ENTP 성격이었고, 그것에 따른 나의 평가를 보는 게 재미있었다. 그리고 나는 다음과 같은 평가를 받았다.

'황소자리는 온화하면서도 강인함을 지녔습니다.'

'A형은 책임감 있고 믿음직스러운 분위기를 가지고 있습니다.'

'ENTP-T는 매사에 활동적이며 열정적으로 살아가는 경향이 있습니다.'

나는 테스트별 결과지를 받아 볼 때마다 '맞아, 이건 진짜 내 이야기야'라고 생각했다. 결과는 테스트의 종류에 따라 모두 다르게 나왔지만, '나의 이야기'라고 생각하니 아무런 의심 없이 받아들이게 되었다.

사실 이러한 테스트는 실험에 참여하는 모두가 똑같은 결과지를 받아든 것이나 다름없다고 생각한다. 온화하지 않은 사람이 어디 있고, 책임감 없는 사람이 또 어디에 있을까? 대한민국 수많은 황소자리, A형, ENTP 성격들이 저러한 두루뭉술한 결과를 자신의 이야기로 의심 없이 받아들인다. 이것을 심리학에서는 '바넘 효과(Barnum Effect)'라고 한다. 그리고 결과를 의심 없이 받아들인 사람은 'A형은 이렇게 살아야 한다', '황소자리가 피해야 할 것들', 'ENTP에게 어울리는 직업'과 같은 이후의 콘텐츠에도 공감하며 따르게 된다.

공감은 타인의 생각과 감정, 그리고 경험을 인식하고 관계를 맺는 능력이다. 인간관계에서도 공감 능력이 뛰어난 사람은 무리에서 리더가 될 확률이 높다. 그리고 사람들을 이끌어가는 '리더십의 기술'에서도 공감은 매우 큰 비중을 차지한다.

마케팅에서도 '공감'은 매우 중요한 요소다. 고객이 나의 상품을 결제하게 만드는 것뿐만 아니라, 나의 브랜드가 전달하고자 하는 가치를 깨닫고 오랫동안 사랑에 빠지도록 만들기 위해서는 공감이 필수다. 아무리 기능이 좋은 상품을 판매한다고 하더라도, 고객이 사용해야 할 이유에 대해 공감하지 못한다면 그저 쓸모없는 상품이 되고 만다.

온라인 사업에서도 상세페이지 초두에서 이러한 '공감'을 형성할 수 있느냐, 없느냐에 따라 승패는 즉시 갈린다. 그래서 판매가 활발하거나, 크라우드 펀딩을 위한 상세페이지에는 초반부에서 공감대를 형성하기 위해 노력을 한 흔적들이 많이 보인다.

'가볍고 슬림한 노트북 파우치, 어쩔 수 없이 수납은 포기했나요?
노트북 거치대는 번거로워서 외출할 때 두고 다니셨나요?
노트북 할 때 필요한 게 얼마나 많은데, 더 이상 포기하지 마세요!
올인원 노트북 파우치 MOFT 캐리슬리브
(아이티에스 글로벌 wadiz 펀딩 내용 中)'

'당연한 것 같지만 당연하지 않았던 사실.
옷장의 공기는 멈춰 있으면 안 됩니다.
옷의 향기는 그 사람의 인상까지 뒤바꿉니다.
언제나 내 옷은 갓 빨래한 듯 향기롭다.
스마트한 의류 관리, 에어프레쉬
(AYA 아이리버 에어프레쉬 wadiz펀딩 내용 中)'

이러한 사례처럼 고객이 이전에 겪었던 불편한 상황들을 언급하는 것으로 고객에 대한 '공감'이 시작된다. 그리고 불편이 해결되면 상황이 더욱 좋아질 수 있다는 내용을 언급하며 고객과의 '관계 형성'을 한다. 그리고 마지막에는 자신들의 제품을 보여주며 가치를 입증한다. 초반에 공감이 형성된 고객은 자신의 문제를 제품과 판매자가 해결해줄 것으로 믿고 신뢰하게 된다. 그리고 판매자가 이후부터 소개하는 자세한 제품의 기능에 대해 귀를 기울인다.

"사람들은 0.25인치 드릴을 원하는 것이 아니라 0.25인치 구멍을 원한다."

하버드 대학 마케팅 교수인 '시어도어 레빗(Theodore Levitt)'은 이렇게 말했다. 고객과의 깊은 공감을 위해서는, 그들이 제품을 통해 진정으로 얻고자 하는 것이 무엇인지를 파악해야 한다. 그의 말에서 알 수 있듯, 드릴은 하나의 목적을 이루기 위한 수단일 뿐이며, 고객이 원하는 것은 구멍을 뚫는 과정과 구멍이라는 결과다. 그리고 더 멀리 볼수록 공감의 힘은 더욱 깊어진다.

《마케팅이다》의 저자 세스 고딘은 그의 저서에서 시어도어 레빗 교수의 0.25인치 드릴 사례를 언급하며 다음과 같이 말했다.

"그러나 이 말 역시 충분히 멀리 내다보지 못했다. 누구도 구멍만을 원하지 않는다. 사람들이 원하는 것은 구멍을 낸 다음 벽에 설치할 선반이다.

(중략)

사람들은 그 작업을 직접 했을 때 얻게 될 만족감을 원한다. 또 아내가 선반을 보고 감탄할 때 자신의 위상이 높아지는 것을 원한다.

사람들은 0.25인치 드릴을 원하는 게 아니라 안전하다는 느낌과 존중받고 있다는 느낌을 원하는 것이다."

사람들은 일방적으로 송출되는 TV광고에 큰 관심이 없다. 15초 라는 짧은 시간 동안 흘러나오는 제품의 장점에 공감하기란 쉽지 않기 때문이다. 그래서 사람들은 직접 공감을 얻기 위해 제품의 사용 후기와 같은 리뷰를 꼼꼼히 살피거나, 카페와 같은 커뮤니티에 가입해 사용자들과 직접적인 소통을 한다.

온라인 판매에서 구매자의 '리뷰'는 절대적으로 큰 힘을 발휘한다. 아무리 판매자가 상세페이지에 구성을 잘해놓더라도 소비자의 평점이 좋지 않으면 고객은 제품과 판매자를 의심하게 된다. 고객은 판매자보다 '이미 구매한 사람들'이 자신과 비슷한 처지의 '같은 편'으로 인식한다. 그래서 판매자의 이야기보다 구매한 사람들의 이야기가 더 진솔하게 느껴지고 공감이 된다.

리뷰에서는 판매자가 직접 밝히거나 안내하지 못한 내용들이 많다. 판매자도 몰랐던 제품의 장점을 고객이 리뷰로 작성할 때도 있지만, 반대의 경우도 많을 수 있다. 보기보다 색상이 칙칙하다, '내구성이 약해서 금방 부서졌다, 조리법대로 했는데 맛이 너무 없다, 상담원이 너무 불친절해서 화가 났다' 등의 부정적인 글들이 올라올 수 있다. 고객은 리뷰에서 좋은 점도 찾지만, 부정적인 내용도 반드시 체크한다. 단점보다 장점이 많다고 생각될 때는 '저 정도 단점쯤이야 괜찮아' 하고 구매를 하겠지만, 반대의 경우에는 '제품은 왠지 마음에 드는데 다들 안 좋다고 하니 사면 안 되겠어' 하며 구매를 포기한다.

그래서 우리는 이러한 리뷰에 대해 철저히 관리해야 한다. 긍정적인 리뷰들을 모아 상세페이지 초반에 '실제 구매자들의 솔직한 후기'로 먼저 보여주는 방법이 있는가 하면, 제품 체험단을 모집해 실제 사용 느낌을 판매 페이지에 리뷰로 작성해달라고 요청하는 방법도 있다. 대부분의 체험단들은 제품을 무료로 증정받고 사용을 하기 때문에 부정적인 내용보다 긍정적인 내용으로 작성하는 경향이 있다. 간혹 제품을 아끼기 위해 빈 박스만 보내 약속된 멘트의 리뷰를 요청하는 경우도 있는데, 이는 엄연한 불법행위이므로 절대로 해서는 안 된다.

마케팅에서 제일 첫 번째로 해야 하는 것이 바로 '공감'이다. 브랜드 스토리도 결국은 공감을 이끌어내기 위함이며, 공감이 되어야만 고객은 의심을 풀고 우리의 메시지에 귀를 기울인다. 공감의 힘은 매우 강하다. 공감을 얻어내기 위해서 우리는 고객이 제품을 통해 무엇을 얻으려고 하는지를 내다보아야 한다. 앞에서 언급한 0.25인치 드릴의 사례처럼, 고객이 원하는 것은 구멍일 수도 있고, 가족으로부터의 존중일 수도 있다. 그래서 우리는 고객이 우리의 제품을 통해, 어떠한 가치를 어디까지 추구할 수 있는가에 대해 고민해야 한다.

고객의 평가와 리뷰에 귀 기울여라

며칠 전, 퇴근길에 갑자기 라면이 너무 먹고 싶어 편의점에 들렀다. 라면을 자주 먹지도 않고 브랜드별로 맛의 차이도 못 느끼기 때문에 어떤 라면을 사야 할지 고민되었다. 배가 너무 고팠기에 아무 라면이나 집어 계산하려는 순간, 한 라면 봉지의 문구가 눈에 들어왔다.

'밥 말아 먹을 때 가장 맛있는 라면'

오뚜기의 '스낵면' 포장지에 적힌 문구였다. 이 문구를 보자 밥까지 말아 먹어야겠다는 생각이 들어 스낵면을 샀다. 그리고 돌아오며 예전에 많이 나왔던 스낵면의 TV광고를 떠올렸다. 초창기의 광

〈출처 : 오뚜기 홈페이지〉

고에서는 분명 '맵지 않고 개운한 라면'으로 이야기를 했는데, 어느
순간부터 '밥 말아 먹을 때 가장 맛있는 라면'으로 집중광고를 했
다. 이들은 왜 라면 자체에 대한 맛을 이야기하지 않고, 밥에 대한
이야기를 했을까?

예전에 공중파 예능방송에서 맛 전문가들을 모아놓고 '밥을 말아
먹으면 가장 맛있는 라면'을 선정하는 실험을 진행했는데, 여기서
스낵면이 1위를 차지했다. 당시 스낵면은 실험에 참가한 다른 라면
브랜드들에 비해 다소 인지도가 떨어지는 편이었으나, 이색적인 블
라인드 테스트 결과를 광고의 소재로 적극적으로 활용하며 인지도

를 단숨에 끌어올렸다.

오뚜기는 고객들이 평가한 내용에 귀를 기울였고, 이를 스낵면의 새로운 가치로 탄생시켜 오랫동안 소비자들의 기억에 남기게 되었다. 이처럼 고객들의 평가와 리뷰는 새로운 가치를 발견할 수 있는 기회가 되며, 그들의 경험에서 나오는 이야기는 기업이 전달하는 메시지보다 훨씬 더 신뢰성이 높다.

자동차를 구매하기 전에 정보를 가장 많이 찾을 수 있는 곳은 어디일까? 자동차 관련 기사, 블로그, 유튜브 영상들은 왠지 제조사에게 원고료를 받고 호의적인 내용으로만 작성한 것 같은 느낌이 들 때가 많다. 그래서 사람들은 '온라인 카페'를 많이 이용한다. 실제 차량 소유자들이 모여 차에 대해 궁금한 점이나 알짜 정보들을 활발하게 교환한다. 대부분의 커뮤니티 회원들은 자신들의 브랜드 차량이 가장 훌륭한 차라고 자부하는 경향은 있지만, 결함이나 불편한 부분에 대해서도 솔직하게 이야기한다. 그래서 차량을 소유하지 않은 사람들도, 구매할 차량에 대해 '주행 느낌'이나 '발생하게 될 문제점'들을 온라인 카페를 통해 살펴볼 수 있다.

이러한 온라인 커뮤니티의 힘은 강력하다. 인터넷이 발달하기 전에는 결함이 발생해도 제조사가 몰래 숨길 수가 있었지만, 현재는 온라인 커뮤니티의 존재로 인해 불가능하다. 카페 회원들 간에 공통으로 발생하는 고장에 대해서는, 차량 자체에 대한 결함으로 생각하고 집단으로 뭉쳐 공론화시킨다. 뉴스 기자들도 온라인 카페에서 화재가 되는 이슈를 기사화시키기 때문에 제조사 입장에서는 온라인 카페에서 나오는 이야기들을 결코 가볍게 볼 수가 없다.

소비자의 리뷰는 제품의 단점을 드러내기도 하면서, 제조사에는 개선의 포인트를 알려준다. 제조사가 제품을 만들고 테스트를 할 때는 기획한 방향에만 초점이 맞추어져 있어 나머지 부분들을 놓칠 때가 많다. 출시 직전 단계에서 참여자를 모집해 사전 테스트를 진행해 드러나는 단점들을 보완할 때도 있지만, 출시 이후 많은 사용자로부터 또 다른 불만들을 접하게 된다. 그래서 기업은 소비들의 리뷰를 적극적으로 모니터링하고 제품 사용에 대한 불편함이나 결함들을 보완해, '리뉴얼 제품'으로 새롭게 출시한다.

그리고 리뉴얼 제품을 소개할 때 '고객님들이 겪었던 이러한 불편함을 개선하고 해결했습니다!'라고 적극적으로 보여준다. 이것은 소비자들로 하여금, '이 기업은 나의 이야기를 귀담아 들어주는구나'라는 생각을 하게 해준다. 소비자는 이전의 불편함이 개선되었다는 점보다, 기업이 자신의 말을 무시하지 않고 사업에 반영을 해주었다는 사실에 더욱 감동해 해당 브랜드의 팬이 된다. 이렇듯 리뷰는 새로운 보완점을 찾을 수 있는 동시에, 충성고객을 확보할 수 있는 강력한 도구가 된다.

우리가 새로운 제품을 기획할 때에도 이러한 리뷰는 큰 힘이 된다. 경쟁 브랜드의 소비자 평가들을 여러 분야에서 수집해 분석하면, 어떤 점이 가장 마음에 들었고 어떤 점이 가장 불편했다는 것을 확인할 수 있다. 그들이 이야기하는 '가장 좋았던 장점과 단점'을 보완해주는 것만으로도 시장의 진입기회는 더 크게 열릴 수 있다.

사람들은 제조사의 광고보다 실제 고객이 직접 체험하고 느낀 점에 더 관심이 많다. 그래서 고객의 리뷰는 매우 강력한 힘을 갖는다. 전 세계 어디서나 24시간 확인할 수 있는 온라인 리뷰 콘텐츠는 더욱 그러하다. 앞에서 소비자의 공감을 위해 온라인 판매 페이지의 리뷰를 적극적으로 관리하라고 이야기했다. 그러나 우리는 판매 페이지에만 신경을 쓸 것이 아니라, 리뷰가 발생할 수 있는 모든 매체에 신경을 써야 한다. 그러면서 또 하나 필요한 것이 바로 '소통'이다.

2년 전, 둘째 아이가 태어나 아내는 산후조리원에 보름간 머물게 되었다. '코로나19'가 심각하게 퍼지는 시기여서 조리원에서는 산모를 제외하고 아무도 입장을 허락하지 않았다. 그 때문에 나는 첫째 아이와 단둘이 지내게 되었는데, 끼니마다 식사를 준비한다는 게 쉬운 일이 아니었다. 그러던 어느 날, 나는 아이를 위해 '참치 마요 주먹밥'을 만들게 되었고, 아이가 잘 먹는 모습에 뿌듯해 인스타그램에 게시글을 올린 적이 있다. 이때, 마트에서 산 '오뚜기 밥친구'라는 뿌리는 조미료를 같이 넣었기에 해시 태그로 표시했다.

이후 신기하게도 오뚜기 공식 인스타그램 계정에서 나의 게시물에 댓글을 달았다. 아이가 좋아하는 사진을 보고 "꺄앗~!! 아이가 정말 좋아하는걸용~! 제가 다 행복합니닷"이라며 친근한 말투로 다가왔다. 비록 기업 홍보용으로 운영하는 채널이지만, 실제로 나의 계정과 게시물에 찾아와 댓글을 달아주니 뭔가 고맙게 느껴졌다. 그리고 고정된 홍보 멘트가 아니라, 담당자가 게시물 내용을 보고 그에 맞게 댓글을 달아주니 '소통을 한다'라는 느낌도 받았다. 많은 기업에서 SNS도 중요하다며 페이스북이나 인스타그램 채널을 개설하고 종종 콘텐츠를 업로드하지만, 대부분 제품 사진과 어정쩡한 이벤트 게시물뿐이다. SNS의 주된 기능과 목적은 소통이다. 그래서인지 오뚜기 담당자의 댓글에 나는 감동을 했고, 이후부터 오뚜기 제품을 먹을 때면 자발적으로 긍정적인 리뷰를 작성해 내 SNS에 업로드한다.

　고객의 진솔한 체험 후기는 우리에게 고통을 줄 수도 있지만, 어떻게 대응하느냐에 따라 엄청난 기회로 다가올 수도 있다. 그리고 리뷰에는 우리의 제품이 시장에서 더 좋은 반응을 얻기 위한 힌트가 숨어 있다. 그러니 우리는 고객의 평가와 리뷰에 귀를 기울여야 한다. 그들의 불만사항에 대해 빠르게 대응하고, 개선을 했거나 향후 개선을 할 계획임을 반드시 그들에게 알려주자. 이러한 진정성 있는 소통은 고객을 감동시켜 향후 그들의 리뷰는 더욱 긍정적으로 변화할 것이다.

고객 스스로 깨닫게 하라

"마케팅은 익숙한 것은 새롭게 표현하고 낯선 것은 익숙하게 표현해야 한다."

광고의 거장 '데이비드 오길비(David Ogilvy)'의 말이다. 사람들은 물건을 구매할 때 늘 의심이 많고 불안해한다. 판매자가 아무리 옆에서 좋은 기능들을 언급하며 떠들어대도, 고객은 '내가 이 제품을 사야 하는 게 과연 옳은 일인가?' 하고 생각만 할 뿐이다. 간혹 영업사원에게 떠밀리듯 사게 되거나, 지인의 반복적인 요청으로 구매하게 된 제품일수록 불안감은 더욱 커진다. 제품이 필요하다고 스스로 판단하지 못한 상황에서의 구매는 후회만을 남긴다.

그래서 우리는 표현과 순서를 다르게 해야 한다. 제품을 먼저 이야기할 것이 아니라, 우리가 접근한 의도에 대해 의심을 풀게 만들어야 한다. 고객이 직접 클릭해서 찾아온 온라인 페이지에서도 말이다. 고객이 이미 알고 있는 익숙한 제품이거나, 낯설게 느끼는 새로운 제품 모두 '의심'을 깨뜨리는 일부터 시작되어야 한다. 그리고 의심이 풀리는 과정에서 고객이 스스로 '맞아, 생각해보니 내가 지금 이런 제품이 필요한 상황이야'라고 깨닫게 만들어야 한다. 짧게 말해, 고객의 '의심'은 문제의 '인식'으로 변화시켜야 한다는 것이다.

'바른비움(BARUN VIUM)'이라는 음식물처리기 브랜드가 있다. 이 업체는 '여름철 음식물쓰레기를 버리러 나갈 때, 엘리베이터에서 느껴지는 악취, 벌레, 그리고 손에 묻어나는 오염물. 이런 상황이 과연 괜찮으신가요?'와 같은 일반적인 음식물처리기의 문제 제기에서 끝나지 않는다. 그동안 '미생물 음식물처리기'에서는 하수구 막힘 사고가 자주 발생했고, 한 유명 브랜드의 제조사에서는 수리를 해주기는커녕 오히려 고객의 과실로 몰아가 소비자들의 불만이 이만저만이 아니었다. 또한, 음식물을 최종 분해하는 '미생물'이 실제로 존재하기는 하는지에 대한 의심도 커진 상황이었다.

그래서 '바른비움'은 실제 음식물처리기를 사용해본 고객들에게도 문제 제기를 한다.
'비싼 돈 들여서 설치한 음식물처리기가 우리 집 하수구를 막히게 하면 기분이 어떨까요? 배관 전문가를 불러 수리하는 데도 엄청난 비용이 들어갑니다. 2차 처리기에서 미생물이 음식물을 액상으로 만들어주어야 하수구가 막히지 않습니다. 그런데 음식물이 처리되는 과정을 실제로 보신 적이 있으셨나요? 음식물이 처리되는 과정을 내 눈으로 직접 보아야 하수구 막힘도 없습니다. 바른비움 음식물처리기는 투명창을 통해 음식물이 미생물로 분해되는 과정을 직접 눈으로 보실 수 있습니다. 미생물이 가장 활발한 온도인 35~40도를 유지하는 장치가 있어, 언제든 고객님의 음식물이 액상으로 변해가는 과정을 눈으로 보실 수 있습니다.'

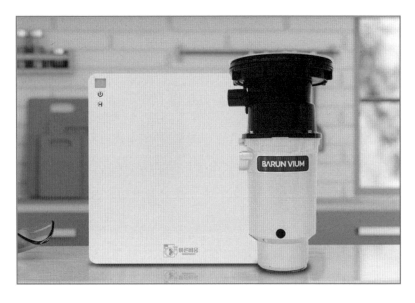

〈출처 : 바른비움 스토어〉

음식물처리기와 같이 높은 가격대의 고관여 제품일수록 소비자의 의심은 높아지고, 구매에 대한 불안감을 해소하고 싶어 한다. 그리고 비싼 제품을 단지 온라인에서 최저가로 등록되었다는 것만으로 구매하지는 않는다. 소비자는 전문가나 영업사원들로부터 '자신이 이 제품을 사야 하는 이유'를 직접 듣고 싶어 한다. 비싼 제품을 사기 위해 큰돈을 쓴다는 것이, 소비자에게는 매우 스트레스와 죄책감으로 다가온다. '이 제품을 사지 않으면 저축이나 주식을 통해 재산을 늘릴 수도 있는데 과연 이것을 사야 할까? 그래도 제품이 왠지 필요는 할 것 같기도 한데 너무 망설여진다.'

그래서 소비자는 '나보다 제품에 대해 더 잘 알 것 같은' 타인의 말을 통해 구매동기에 대한 확신을 받고 싶어 한다. 구매해야 할 이유에 대해 확신만 서게 된다면, 소비자는 이후 제품의 강점에 대한 분석과 최적의 구매 방법을 스스로 찾아내고 실행한다. 따라서 우리는 제품의 정보보다 구매 필요성에 더 포커스를 맞추어 이야기할 필요가 있다.

반대로 저관여 제품일수록 소비자의 이러한 불안 심리는 낮게 나타난다. 구매 동기가 강하고 스스로 결정을 하려는 의지가 강하다. 그래서 매장의 점원이 다가와 말을 붙이는 것에 대해 귀찮아하거나 꺼린다. 매장의 여러 제품들 중, 자신이 생각한 1~2가지의 요소에만 적합하다면 빠르게 구매 의사 결정을 내린다.

드러그 스토어인 '올리브영'은 고객의 이러한 심리를 반영하고 있다. 전국 어느 점포를 가더라도 점원들은 큰 목소리로 인사만 할 뿐, 고객들에게 다가오지 않는다. 고객이 필요로 해서 먼저 말을 건네는 순간에만, 직원들은 그들을 응대하며 요청사항을 처리해준다. 대신 매장 안에는 각종 와블러와 전시대가 즐비하며, 고객이 사용해볼 수 있도록 테스터 제품을 비치해둔다. POP를 통해 자신이 찾고자 하는 제품을 쉽게 발견할 수 있으며, 여러 가지의 테스터 제품을 사용해도 누구 하나 지적하지 않는다. 이런 이유 때문에 고객들은 언제나 부담 없이 올리브영 매장을 방문하게 되고, 원하는 제품을 스스로 판단해 구매를 한다.

이러한 분위기는 약국에서도 이어진다. 모든 의약품을 약사와 상담해 구매하던 예전과는 달리, 가벼운 질환인 경우 스스로 일반 의약품을 선택하려는 '셀프 메디케이션'의 바람이 불고 있다. 약국에서도 이러한 변화에 대응해 약사와 고객이 마주하는 '카운터' 외에도 다양한 진열장을 활용해 고객이 스스로 약이나 의료기기를 선택하는 기회를 제공하고 있다. 그래서 약사와 제약회사 영업사원들도 거래 활동을 넘어, 제품이 고객의 눈에 더 잘 띄도록 전시 활동에 힘쓰고 있다.

    약국에 방문한 고객은 스스로 약을 선택하기 위해 제품 포장지의 문구에 가장 많이 신경을 쓴다. 예를 들어, 허리 통증이 있는 사람은 파스를 구매할 때, 포장지에 '허리 통증' 문구가 크게 적혀 있거나 허리 부분이 표시된 그림을 찾는다. 비염이 심한 사람은 '코막힘'이라는 문구가 가장 크게 적힌 제품을 신뢰한다. 제품마다 성분과 함량이 비슷할지라도, 고객은 자신이 겪는 증상이 포장지에 가장 크게 표시되어 있어야 마음이 편하다.

제약회사에서도 다양한 고객들로부터 선택을 받기 위해, 동일한 성분을 다른 콘셉트로 출시하기도 한다. 아세트아미노펜 성분을 해열제와 진통제로 구분해 출시하는 것은 매우 흔한 일이며, 케라틴 성분을 탈모치료제와 손톱영양제로 구분해 출시하는 경우도 있다. 이렇듯 고객과 제품이 처음 만나는 시점에서부터, 고객 스스로가 판단을 내릴 수 있도록 많은 마케팅 활동이 이루어지고 있다.

우리는 고객이 스스로 깨닫도록 해야 한다. 억지로 판매한 제품은 고객에게 불신만 줄 뿐이다. 제품의 기능들이나 가격보다 중요한 것은 고객이 스스로 필요성을 느끼는 것이다. 고객은 의심이 많다. 그래서 고객은 비싼 제품을 구매하는 것에 대해 자신의 정당성을 타인으로부터 인정받고자 한다. 그리고 저렴한 제품이라도 자신이 원하는 내용이 1순위로 표시되어 있는지 꼭 확인한다. 따라서 우리는 고객을 처음 만나는 시점에서부터 제품이 '왜 필요한지'를 고객에게 강하게 인식시켜야 한다.

고객은 필요한 것만 사지 않는다

가끔 집에서 잘 쓰지 않는 물건들을 정리하다 보면, '이건 그때 왜 샀을까?' 하며, 먼지 쌓인 제품을 앞에 두고 생각에 잠긴다. 충동구매는 하면 안 된다고 늘 생각하면서도 나도 모르게 쓸모없는 제품을 사서 집에 들고 오는 경우가 많다. 나쁜이겠는가. 이 책을 읽고 있는 독자분들도 충동구매를 해본 경험이 최소 한두 번쯤은 있을 것이다.

사실 우리가 충동구매를 한다기보다 '당한다'는 표현이 더 맞는 것 같다. 아침부터 저녁까지 우리의 일상에는 항상 충동구매를 유혹하는 손길이 기다리고 있다. 출근길 핸드폰 화면에는 '남자들의 필수품'이라는 배너광고가 즐비하며, 점심시간 식당의 키오스크에는 맛있어 보이는 추가메뉴가 꼭 존재한다. 퇴근길에 들른 마트에서는 시식 코너의 자극적인 냄새가 나의 구매 충동을 일으킨다.

내 주변 지인들이 가장 충동구매를 많이 당한 곳은, 전자제품을 판매하는 '일렉트로 마트'였다. TV까지도 충동구매하게 만들었다는 그곳은 대체 어떤 방법으로 욕구를 자극한 것일까? 실제로 매장에 방문하고 나니 이유를 알 것만 같았다. 게임기, 피규어, 음향기기, 카메라, 캠핑용품 등 남자의 로망이 총집합된 곳이었다. 게다가 전자기기는 입문자용부터 전문가용까지 다양한 종류를 갖추고 있어 '나도 한번 시도해볼까?'라는 생각이 들게 했다. 무엇보다도 매장이 넓고 종류가 엄청 많았기 때문에 '체류 시간'이 길어질 수밖에 없었다.

긴 체류 시간은 점점 내가 제품을 '언제, 어떤 상황에서 사용하면 좋을지'를 생각하게 만들었고, 자유롭게 만져볼 수 있는 테스트용 제품들로 인해 '가족들과 함께 즐거워하는 상황'을 머릿속에 그리게 되었다. 그 누구도 내게 다가와 구매하라고 부추긴 적이 없는데도, 긴 체류 시간 때문에 하마터면 비싼 카메라를 구매할 뻔했다.

'경차 사러 갔다가 벤츠사서 온다'라는 우스갯소리가 있다. 이성적으로 판단했을 때 계획은 분명 경차였다. 그러나 더 넓고 안락한 공간, 더 많은 옵션, 주변의 시선 등의 감정적 요소가 점점 개입해 최고급 세단을 구매하게 된다는 말이다. 경차에서 벤츠까지는 힘들겠지만, 차를 구매해본 경험이 있는 사람이라면 '한 체급 정도는 더 올려볼까?'라는 생각은 해보았을 것이다. 이렇듯 사람들은 구매 계획을 이성적으로는 세우지만, 실제 구매 단계에서는 비이성적인 판단을 할 때가 많다. 그중 대표적인 것이 '과시적 소비'다.

'과시적 소비'란 부를 과시하는 것을 의식하며 소비하는 행위를 말한다. 《유한계급론》의 저자 베블런(Veblen.T)은 자신의 저서에서 이렇게 말한다.

"일하지 않고 여가를 즐기는 것은 지배계급(유한계급)이 스스로의 지위를 나타내는 징표다. 그리고 하류계층은 상층에서 유행하는 과시적 소비 행태를 모방하고 좇는다."

사람들은 본능적으로 주변의 시선에 엄청난 신경을 쓰며, 경제력이 충분하지 않더라도 부자로 보이고 싶어 한다. 모임에 나갈 때는 가장 비싼 옷과 가방을 선택하며, 고급식당에서 값비싼 음식을 먹을 경우 인스타그램에 흔한 일상인 것처럼 사진과 글을 올린다. 핸드폰 요금은 만 원이라도 아끼려고 노력하지만, 전혀 합리적이지 않은 가격의 '명품 가방'은 점원들 앞에서 당당하게 일시불로 결제한다. 이러한 비이성적인 소비 심리로 인해 명품 시장에는 불황이 없다.

자동차도 마찬가지다. 많은 사람이 고급차량을 통해 자신의 신분이나 경제력을 과시하고 싶어 한다. 이러한 심리를 활용한 광고도 있었다.

'요즘 어떻게 지내냐는 친구의 말에, 그랜저로 대답했습니다.'

2009년 현대자동차의 그랜저 광고에서는 '성공 = 그랜저'와 같이 자동차를 성공의 공식으로 표현하기도 했다. 그래서 사람들은 자동차를 단순히 이동수단으로만 생각하는 것이 아니라, 자신을 드러낼 수 있는 가치 수단으로 여긴다. 그 때문에 높은 가격을 지불해서라도 높은 등급의 차를 구매한다. 자동차로 자신을 과시하고자 하는 욕망은, 점차 심화되어 새로운 계층까지 탄생시키게 되었다.

최근에 많이 들리는 단어 중 하나가 바로 '카푸어(Car Poor)'다. 자신들의 경제력으로는 감당하기 힘들 정도의 고급 차를 구매하고, 대부분의 노동 수입은 차량 유지비용으로 흘러 들어간다. 이들은 20대 중반에서 30대 초반에서 많이 형성되며, 자가 주택이 없는 미혼이 많다.

실제 '카푸어'들과의 인터뷰 내용을 살펴보면, 이성이나 주변 친구들에게 멋진 모습을 보이고 싶고 무시당하기 싫어서 고급 수입 차량을 구매한다고 한다. 그리고 비싼 차를 타는 만큼 경제적으로 성공한 것처럼 보이기 위해, 식사나 술값을 모두 계산하는 일이 많다고 한다. 그래서 카푸어들은 비싼 차를 구입한 것만으로 모자라 '과시'를 위해 소비를 계속하게 되는 악순환에 빠진다. 이는 사람이 이성적으로만 소비하지 못한다는 것을, 극단적으로 보여주는 예시다.

몇 년 전, '욜로(YOLO)'와 '소확행', '탕진잼', 그리고 '시발비용' 등의 신조어들이 유행한 적이 있었다. 취업과 결혼, 그리고 대출 상환은 점점 어려워지는데, 주택 마련의 꿈은 멀어져만 가니 청년들의 스트레스는 극에 달했다. 그래서 그들은 미래의 삶보다 현재의 행복을 더 중요시하게 되었고, '오늘 고생한 나에게 주는 선물'이라는 명분으로 잦은 소비를 하게 되었다. 이러한 소비는 현재의 불안과 스트레스에 대한 보상심리로 발생하게 되었으며, 필요에 의한 소비가 아닌 감정에 의한 소비가 더 많았다. 작년에 잠시 코로나가 소강상태로 접어들었을 때, 중국인들이 쇼핑센터로 대거 몰려들어 소비를 폭발시킴으로써 명품 제품들이 불티나게 팔려나갔다는 기사를 본 적이 있다. 이러한 '보복소비'도 억눌렸던 감정의 폭발로 인해 발생한 소비 현상으로, 이성적인 소비 활동과는 거리가 멀다.

이렇듯 소비자는 필요한 것만 사지 않는다. 충동구매, 과시를 위한 소비, 보상심리에 따른 소비 등 이성적인 판단보다 감정적인 충동으로 발생하는 구매가 상당히 많다. 판매자 입장에서는 이러한 고객의 심리를 활용해 마케팅에 접목할 필요가 있다.

아내의 쇼핑몰에 '치아와 잇몸 건강' 콘셉트로 제작한 건강기능식품을 처음으로 판매할 때였다. 우리는 당시 후발주자였고, 먼저 출시한 제품들은 높은 판매량과 리뷰 수로 상단에 위치를 고수하는 중이었다. 그리고 우리의 제품은 성분이나 함량도 기존의 제품과 비교했을 때, 드라마틱한 차이가 난다고 말하기도 어려웠다.

초조함과 걱정이 밀려오는 가운데, 한 가지 아이디어가 떠올랐다. 나는 치아 영양제 판매 페이지에 치약, 칫솔, 치실, 혀클리너 제품들을 준비해 '함께 구매하면 좋은 제품'으로 설정해두었다. 그리고 상세페이지에서는 대략 다음과 같이 소개했다. '붓고 피 나는 잇몸! 매일 하는 양치질에서 원인을 케어할 수 있다면 얼마나 좋을까요?'라고 하며, 영양제의 소개보다 치약과 칫솔에 대한 이야기를 먼저 했다. 그리고 '튼튼한 치아 관리 3STEP'을 소개하며 치실, 칫솔질, 치아 영양제를 순서대로 설명했다. 치아 영양제는 마지막 단계에서 소개한 것이다.

이 방법은 대단히 효과적이었다. 고객들은 대부분 치아나 잇몸이 불편한 상황이며, 이에 대한 해결책으로 '치아 영양제 섭취'를 염두에 두고 클릭한 사람들이었다. 그러나 나의 상품 소개를 보고 난 뒤 치주 질환의 원인은 '올바르지 못한 양치질'에 있다는 새로운 발상을 하게 된 것이다.

3STEP 가이드를 통해 고객들은 세트로 사용해야 더 효과가 있

을 것이라는 충동을 느꼈고, 영양제를 사는 동시에 치약과 치실을 함께 구매하는 빈도가 늘어났다. 고객 리뷰에도 치약과 칫솔을 함께 구매한 사진을 올리며, '함께 사용하니 이전보다 훨씬 좋아졌다'라는 반응도 많이 생겼다.

흔히들 인간을 가리켜 '감정의 동물'이라고 표현한다. 그만큼 사람들은 구매 단계에서 감정인 판단을 자주 한다. 퇴근길에 꽃을 보고 아내가 떠올라 살 수도 있고, 스트레스가 극에 달해 계획에 없던 쇼핑을 할 수도 있다. 고객들은 필요한 것만 사지 않는다. 우리는 고객들에게 충동적인 마음이 솟아나도록, 오래 잡아두고 생각하게 만들어야 한다. 고객들을 오래 머물게 하기 위해, 우리는 어떠한 장치를 만들어야 할지 생각해보자.

MARKETING

5장

안심하는 순간,
고객은 떠난다

MARKETING

불만도 애정에서 시작된다

　사업을 운영하다 보면 고객들이 다양한 불만을 제기하는 것을 보게 된다. 나 역시도 회사의 소비자상담실로부터 고객들의 불만 접수 기록을 받거나, 아내의 쇼핑몰에서 고객들이 불만을 토로하는 것을 종종 보게 된다. 제품에 문제가 있는 것처럼 느껴진다거나, 배송이 너무 느리다는 등 다양한 불만들이 나온다. 그리고 이러한 불만들은 제품 리뷰에 남겨지거나, 직접 전화가 걸려오는 등 다양한 방식으로 표출된다.

　이러한 소비자들의 불만은 크게 2가지로 나뉜다. 첫 번째가 '컴플레인(Complain)'이며, 두 번째는 '클레임(Claim)'이다. 모두 불만족에서 나오는 단어지만, 이 2가지 단어에는 약간의 차이가 있다.

1. 컴플레인

컴플레인은 고객의 '주관적인 관점'이 개입되어 발생하는 불만을 뜻한다.

"제품을 섭취하고 있는데 별로 효과가 없는 것 같아요."
"담당 직원이 너무 불친절합니다."
"배송이 이틀이나 걸렸어요."

이와 같이 본인의 생각에 불만처럼 느껴져서 항의하는 것을 컴플레인이라고 한다. 제품 효과나 불친절함은 사람마다 다르게 느낄 수 있다. 그런데 제품을 받고 뭔가 모르게 기분이 나빠졌거나, 판매자의 태도가 무성의하게 느껴져서 서비스에 대한 지적을 할 수 있다. 또한, 고객은 이러한 불만사항에 대해 시정이나 개선을 요구한다. 이러한 주관적인 입장에서의 불만을 컴플레인이라 하며, 이는 판매자의 응대 태도에 따라 빠르게 해소될 수 있다.

2. 클레임

클레임은 객관적으로 보았을 때 피해 사실이 명확하고, 누가 보더라도 불만을 제기할 수 있는 상황에서 나오는 불만을 뜻한다. 그리고 클레임은 물질적인 보상이 반드시 따라야 한다는 뜻으로 제기된다.

"파손된 제품이 도착했어요."
"유통기한이 지난 제품이 왔어요."
"제품에서 이물질이 나왔어요."

이와 같이 명백한 사실로 고객이 피해를 입었을 경우에 보상이 요구되는 불만을 클레임이라고 한다. 제품의 파손이나 이물질이 나온 사실은 누가 보아도 판매자의 과실이며, 고객은 권리를 침해당한 것에 대한 금전적·물질적 보상을 충분히 요구할 수 있는 상황이다. 이러한 클레임은 판매자가 단순히 사과만 한다고 해서 고객의 불만이 해소될 수는 없다. 파손된 제품에 대한 교환이나 환불이 이루어져야 하고, 식품을 섭취하다 몸에 문제가 생겼을 경우, 금전적인 보상이 이루어져야 불만이 해소될 수 있다.

컴플레인이나 클레임은 응대하는 방식에 차이가 있지만, 발생 즉시 즉각적으로 처리를 해야 한다는 공통점이 있다. 불만사항에 대한 피드백은 빠르면 빠를수록 좋다. 고객의 컴플레인을 대수롭지 않게 생각해 대응하지 않거나 늑장을 부릴 경우, 고객의 불만은 더욱 심화된다. 그리고 화가 난 고객은 리뷰에 악평과 별점 테러를 하거나 개인 SNS에 판매자와 판매 제품에 대한 비난을 작성할 수도 있다. 심할 경우, 마켓 플랫폼이나 한국소비자원과 같은 기관에 민원을 넣거나 신고를 하기도 한다.

비록 문제의 정도가 사소하더라도 판매자가 빠르게 응대할 경우, 고객의 불만은 누그러질 수 있다. 진정성 있는 사과와 재발 방지에 대한 약속, 그리고 클레임의 경우 적절한 보상을 제공한다면, 고객은 판매자에 대한 불신이 사라지고, 믿을 수 있는 업체로 인식하게 된다.

일을 하다 보면 정말 말도 안 되는 불만과 보상 요구를 하는 악성고객을 만날 수도 있다. 이러한 사람들은 제품이 정말로 필요해서가 아니라, 처음부터 금전적 보상과 같은 나쁜 의도로 접근한다. 그러나 이러한 사람들은 극히 일부이며, 모든 고객이 나쁜 의도로 접근하는 것은 아니다.

고객이 불만을 표출한다는 것은 제품과 서비스에 대한 애정으로부터 시작된다. 고객은 우리가 제시하는 브랜드 스토리와 다양한 장점들로 인해, 긍정적인 마음과 기대로 구매를 한 사람들이다. 그렇기 때문에 기대했던 것보다 못하거나 성의 없는 서비스를 받게 되었다면 당연히 불만이 생길 수밖에 없다.

"불평하지 않는 고객들이 사실상 가장 믿을 수 없는 고객들이다. 다시 말하면 불평하는 고객이 가장 믿음직한 고객이라는 뜻이다."

미국의 유명 컨설턴트인 '자넬 발로 (Janelle Barlow)'는 이렇게 말했다. 우리가 온라인에서 제품을 구매하고 사소한 불만을 느꼈을 때, 찝찝하지만 불만을 제기하지 않고 그냥 넘어갔던 경우가 있었을 것이다. 그러면서 '다음에는 여기서 안 사면 되지 뭐'라는 생각을 한다. 그러나 만일 우리가 좋아하는 브랜드의 사이트이거나, 자주 이용해 마일리지나 포인트가 쌓여 있을 경우, 우리는 사소한 불만이라도 판매자에게 토로한다. 강한 어조의 불만이 아니더라도, '지난번에는 괜찮았는데 이번에는 조금 별로였네요' 하는 식으로 말이다. 다시 이용할 의향이 있기 때문에, 자그마한 부분이라도 개선이 되었으면 하는 바람을 판매자에게 표출한다.

아내의 스토어에서 칫솔을 판매하던 도중, 문제가 생긴 적이 있었다. 칫솔의 색상은 4가지였으며, 상세페이지에 '색상은 랜덤으로 출고됩니다'라고 표시를 했다. 그러나 한 고객이 배송 요청 메시지에 '핑크색으로 보내주세요'라고 작성했는데, 와이프가 미처 그 메시지를 보지 못하고 다른 색상으로 배송을 한 것이다. 고객은 제품을 받고 전화, 메신저, Q&A, 리뷰 란의 네 군데를 통해 핑크색을 받지 못한 불만을 표시했다.

사실 이러한 내용은 '저희는 내부 규정상 칫솔 색상을 랜덤으로 제공하고, 해당 내용은 상세페이지 최상단에 기재했습니다'라고 이야기해 고객의 부주의로 사태를 마무리 지을 수도 있었다. 그리고 칫솔의 객단가가 낮기 때문에 판매자 과실로 교환이 이루어진다면 높은 배송비로 인해 큰 마이너스가 나는 일이었다. 그러나 우리는 다르게 응대하기로 했다.

먼저 배송 메시지를 확인하지 못한 점에 대해 대단히 죄송하다는 말을 전했다. 그리고 '믿고 구매하셨을 텐데, 잘못된 색상이 도착하게 된 것은 저희라도 기분 나빴을 일'이라며 공감을 나타냈다. 또한, 앞으로 주문을 확인할 때, 2명의 담당자가 서로 확인할 것이라고 재발 방지에 대한 약속을 했다. 마지막으로 핑크색을 추가로 보내드릴 테니, 기존에 받으신 칫솔은 그냥 사용하시라고 했다. 제품과 배송비 모두 마이너스였지만, 고객 만족을 위한 마케팅 비용으로 생각하기로 했다.

그리고 수시로 고객에게 배송 진행 상황을 알려주었으며, 제품 도착 후 잘 받으셨는지 전화로 여쭙고, 다시 한번 죄송하다고 말씀드렸다. 그때 고객은 칫솔 하나 때문에 이렇게까지 해주실 줄 몰랐다며, 도리어 자신이 너무 미안해진다고 했다. 이후 고객은 리뷰와 Q&A에 작성한 내용을 장문의 칭찬으로 바꾸었다. 그리고 자신의 지인들에게 선물을 한다며 많은 수량의 칫솔을 한꺼번에 또 주문했다. 그 고객은 현재까지도 아내의 스토어에서 칫솔을 주문하고 있다.

우리의 사업이 발전하고 고객이 많아질수록, 불만고객의 수도 자연스럽게 증가할 수 있다. 고객의 불만은 애정에서 시작된다. 그리고 그 불만은 컴플레인 또는 클레임으로 다양하게 표출될 수 있으며, 우리는 최대한 신속하게 그들의 불만사항을 접수하고, 응대해야 한다. 고객의 불만을 통해 우리의 개선점을 찾아낼 수 있기 때문에, 우리는 그들이 어떠한 불편을 겪었는지에 대해 자세히 귀를 기울여야 한다. 그리고 응대 태도에 따라 불만고객이 충성고객으로 바뀔 가능성이 있다. 그래서 그들이 진정성 있는 사과를 원하는 것인지, 제품에 대한 보상을 요구하는 것인지 정확히 파악해야 한다. 불만 응대 후, 그들을 우리의 평생고객으로 바꾸기 위해 어떤 특별한 감동을 줄 수 있는지 생각해보자.

안심하는 순간, 고객은 떠난다

　예전에 어느 예능 프로그램에서 식당 운영과 관련해 재미있는 노하우를 소개한 적이 있었다.

　"남자 손님들한테 주인이 너무 친한 척하면 안 됩니다. 엊그제 오셨는데 오늘 또 오셨네요? 이렇게 하면 두 번 다시는 안 갑니다. 무심한 척 있다가 슬그머니 서비스 반찬을 테이블에 툭 올려주면? 그럼 평생 단골이 됩니다."

　재미도 있으면서 상당히 공감이 가는 내용이었다. 나도 매장에서 주인이나 점원이 다가올 때 상당한 부담감을 느낀다. 그들이 웃으며 "찾으시는 상품 있으신가요?" 하고 물으면, 죄송하다는 말과 함께 매장을 나오기가 일쑤다. 그런데 예능 프로그램에서의 내용처럼, 식당에서 나를 아는 척한다고 상상하니 너무나 괴로울 것 같다.

주인 입장에서야 당연히 단골고객을 만들기 위해 좋은 뜻으로 아는 척했을 것이다. 그리고 주인은 고객의 얼굴을 잊지 않고 알아주었기 때문에, 고객도 분명히 자신의 정성에 감동받을 것이라 생각할 것이다. 그리고 직원들에게도 친절한 응대를 위해, 고객이 입장할 때 서둘러 다가가 말을 붙이라고 매뉴얼처럼 지시했을 것이다. 그들만의 방식으로 친절을 잘 베풀고 있다며 안심하겠지만, 나에게는 너무 불편하게 느껴져 두 번 다시는 가고 싶지가 않다. 그런데 나 같은 고객이 과연 1~2명일까?

2018년 시장조사 기업 '엠브레인'에서 '비대면 서비스'와 관련해 설문조사를 한 결과, 응답자의 85.9%가 '점원이 말을 거는 곳보다는 혼자 조용하게 쇼핑을 할 수 있는 곳이 더 좋다'라고 응답했다. 그리고 응답자의 65.7%가 '점원이 계속해서 말을 걸 때 쇼핑을 더 하지 않고 나온 경험이 있다'라고 밝혔다. '점원이 계속 쳐다보니 왠지 물건을 사야만 할 것 같은 강박감을 느꼈다'라는 응답자도 상당수였다. 이렇듯 대부분의 소비자는 직원들의 관심을 받지 않고, 혼자 편안하게 매장을 이용하길 바란다. 그리고 직원들의 과도한 관심과 개입은 소비자들로 하여금 쇼핑을 포기하도록 만든다. 사람들이 올리브영과 같은 드러그 스토어를 선호하는 이유도, 말을 걸지 않고 편안히 구경할 수 있어서다.

이러한 이유로 인해 오프라인 매장에서도 비대면 서비스에 대한 선호도가 높아지고 있다. 키오스크가 빠르게 도입되고 있고, 서빙을 하는 로봇도 등장했다. 소비자에 대한 인식은 빠르게 바뀌어가는데, 과거의 방식과 마인드에 머무르고 있다가는 단골마저 떠날 위험이 크다.

내가 몸담은 제약회사에서도 상황은 마찬가지다. 안심하고 있을 순간이 없다. 영업사원이 열심히 노력해 병원이나 약국에 약품 공급을 겨우 성공시켰다고 해도, 언제든지 경쟁사의 활동으로 약품이 교체될 위험이 있다. 하루에도 수많은 회사의 영업사원들이 병원이나 약국에 방문한다. 그리고 그들은 거래처에 자사 의약품에 대한 설명을 하거나, 다양한 판촉물을 제공한다. 또한, 커피나 간식 등을 사 와서 나눠 먹거나, 식사를 같이하며 친밀한 관계를 유지하기 위해 노력한다. 이러한 이유 때문에 거래처 의사와 약사는, 회사마다 비슷한 약이면 가장 친한 영업사원이 권하는 제품으로 사용하려는 경향이 있다. 단순히 친하다는 이유만이 아니라, 거래에서 그들을 신뢰할 수 있다고 생각하기 때문이다.

과거 제약회사에서 영업사원을 하던 시절, 자신의 화술이 뛰어나다고 자랑하던 한 선배 영업사원이 있었다. 그가 거래처에서 직접 이야기하는 것을 본 적은 없지만, 그는 약국에 신규로 투입한 약품 실적을 보여주며 늘 자랑하곤 했다. 그리고 자신이 짚어주는 판매 포인트대로만 거래처에 이야기하면, 제품이 매우 쉽게 투입될 것이라고 말했다. 실제로 그가 알려주는 판매 포인트를 거래처에 활용했을 때 상당한 도움이 되었다. 그래서 나는 그 선배가 하는 말을 귀담아들으며 신뢰하게 되었다.

그러나 전국 단위에서 우수한 실적을 달성하기도 했던 그 선배는, 점점 매너리즘에 빠지기 시작했다. 매일 반복되는 거래처 방문에 싫증이 났던 그는, 일과시간에 피시방이나 사우나에 방문하는 빈도가 높아졌고 거래처 방문을 점점 멀리했다. 그러면서도 자신은 이미 많은 거래처에 약품을 투입시켜놓았고, 거래처와의 관계도 좋으니 문제없다고 했다. 그리고 실적이 필요하면 언제든 가서 자신만의 비결로 제품을 또 투입시키면 된다고 자신했다.

하지만 결국 두 달 후, 그 선배의 실적은 바닥을 치고 말았다. 기존에 투입했던 제품은 다른 회사의 제품으로 모두 교체되었고, 선배가 뒤늦게 수습하려고 거래처에 방문했을 때는 이미 늦은 상황이었다. 자주 방문하지 않던 사이에 거래처 약사에게 신뢰를 잃게 되었고, 신뢰를 잃은 상황에서는 어떠한 판매 포인트도 통하지 않았다. 그 선배는 저조한 실적에서 벗어나지 못한 채, 몇 달을 더 방황하다 결국 회사를 떠나게 되었다.

"고객에게 더 가까이 다가가라. 너무 가까워서 고객 스스로가 알아채기도 전에 그들이 필요로 하는 것을 미리 말해줄 만큼."

애플의 창업자였던 스티브 잡스(Steve Jobs)는 이렇게 말했다. 우리는 단골고객을 만들기 위해 해야 할 일들이 엄청 많으며, 안심하고 있을 여유가 없다. '고객에게 가까이 다가가라'는 말은, 식당에서 억지로 아는 척해 부담감을 발생시키라는 말이 아니다. 고객에게 직접 말을 걸지 않고도, 그들의 행동 패턴과 수요를 파악할 수 있어야 한다. 고객에게 가장 가까이 다가가서 그들의 필요를 알아낼 수 있는 방법은 바로 '데이터 분석'이다.

최근의 쇼핑몰 플랫폼은 데이터 분석을 하기에 매우 편리한 시스템을 갖추고 있다. 그리고 나는 그중에서 스마트 스토어가 가장 많은 분석 툴을 제공한다고 생각한다. 고객들이 어떠한 키워드로 검색해 유입되었고 구매했는지, 하루 24시간 중 어떤 시간대에 가장 유입이 많았는지, 그리고 쇼핑 검색을 통해 들어온 것인지, 블로그를 통해 들어온 것인지 상세하게 표시된다. 또한, 어떤 성별과 연령대에서 나의 제품을 더 선호하는지도 쉽게 알 수 있다.

이러한 분석을 통해 내가 생각한 타깃층과 실제 구매하는 고객층이 일치하는지를 확인할 수 있다. 그리고 광고 전략에서도 필요한 타깃에만 집중적으로 노출시킬 수 있기 때문에 매우 효율적인 광고 운영이 가능해진다.

우리의 상세페이지가 얼마나 고객의 시선을 사로잡고 있는지를 확인하기 위해서는, 페이지의 체류 시간을 확인해야 한다. 만일 페이지 체류 시간이 너무 짧다고 생각하면, 상세페이지의 내용을 추가하거나 순서를 변경시키며 체류 시간의 변화를 확인해야 한다.

온라인에서는 고객의 움직임을 눈으로 볼 수 없기 때문에 이러한 데이터를 분석하는 것은 필수다. 그러나 많은 사람들이 데이터 앞에서 눈만 껌뻑거린다. 뭔가 많은 수치들이 화면에 복잡하게 표시는 되는데, 이것을 보고 뭘 어찌해야 할지를 잘 모른다. 계획을 세우지 않은 채 결괏값만 보고 있기 때문이다.

그래서 나만의 가설과 행동계획을 세워야 한다. 쉬운 것부터 시작하면 된다. 단순하게 '명절 시즌에 내 상품을 부모님 선물용 콘셉트로 변경한다면, 30대 고객층에서 구매가 일어나지 않을까?'라고 가설을 세웠다면, 상품명과 상세페이지를 선물에 관한 내용 중심으로 변경해본다. 그리고 데이터 분석도구를 통해 실제로 30대 고객에게서 구매가 발생했는지, 그리고 선물 관련 키워드로 구매가 발생했는지를 확인하면 된다. 이런 식으로 간단하게 진행하는 연습을 하다 보면, 점점 더 많은 데이터를 활용할 수 있게 된다. 데이터 분석을 통해 내 상품의 전략이 고객에게 매력적으로 다가가는지를 확인할 수 있고, 고객이 필요로 하는 부분을 찾아낼 수도 있다.

"좋은 평판을 쌓는 데는 20년이 걸리지만 무너뜨리는 데에는 5분이 걸린다. 이 사실에 대해 생각해보면, 당신은 일을 다르게 할 것이다."

유명한 투자가이자 기업인인 '워런 버핏(Warren Buffett)'은 이렇게 말했다. 우리는 고객을 모으기 위해 많은 시간의 노력과 돈을 들인다. 그러나 이미 구매한 고객이라고 소홀히 하는 순간, 그들은 쉽게 떠나가 버린다. 그래서 우리는 한시도 안심할 수 없다. 그들을 단골고객으로 계속 유지하기 위해서는 지속적인 신뢰를 보여주어야 하며, 데이터 분석을 통해 그들의 행동 패턴과 무엇을 원하는지를 계속 확인해야 한다. 쿠폰이나 DM 외에도 우리가 그들을 '잊지 않고 있다는 것'을 보여줄 수 있는 방법은 무엇인지 생각해보자.

경험고객을 충성고객으로 만들어라

코로나19가 장기화되면서 현재는 찾아보기 힘들지만, 팬데믹 이전의 대형마트에서는 시식 코너가 가장 인기 있었던 것 같다. 나는 침샘을 자극하는 냄새와 "무료로 한번 드셔보시고 가세요"라는 말에 홀려, 줄까지 서가며 맛을 보곤 했다. 배가 고팠던 탓인지, 요리하시는 분의 실력이 뛰어나서인지는 모르겠으나, 시식 코너의 음식은 항상 맛있게 느껴졌다. 그래서 집에서도 이런 맛을 느낄 수 있을 거라 상상하며 카트에 나도 모르게 담곤 했다.

'백 마디 말보다 한 번의 행동이 더 낫다'라는 말이 있다. 자기계발에 중점을 둔 말이지만, 마케팅에서도 그대로 적용된다고 생각한다. 2014년에 '반테린 서포터'라는 관절 보호대를 약국에 처음 소개할 때의 일이다. 약국에서 목이 터질 정도로 제품에 대해 설명해도 약사님들은 시큰둥한 반응이었지만, 직접 샘플을 손목에 채워드리니 바로 긍정적인 반응을 보였다. 이후 약사님들은 직접 종류별로 착용해보았고, 그들이 궁금해하는 질문에 대답만 하는 것으로도 거래가 성사되었다. 그리고 직접 만족해 거래가 성사되었기 때문에, 약사님들은 약국을 찾는 손님들에게 반테린 서포터를 자신 있게 추천해주었다.

이러한 샘플링으로 단골고객을 잘 만드는 약국도 있었다. 송파구 잠실의 어느 약국에서는 대부분의 영양제를 약사님이 직접 복용해보고, 효과가 좋다고 느낀 제품만 거래했다. 그리고 자주 방문하는 손님들에게 비타민제를 드셔보시라고 한 알씩 권하셨다. 고함량 비타민B 성분에 효과를 느낀 손님들은 다시 약국을 찾았을 때, 약사님께 그 비타민이 어떤 제품이었는지 물어보고 구매했다. 약사가 직접 먹어보고 좋은 제품만 권한다는 것을 알게 된 손님들은, 이후 약사님이 권하는 제품에 대해 신뢰하고 자주 구입한다고 했다.

한 번의 체험으로 인해 만족스러운 경험을 했던 고객은 그 제품이나 서비스에 대해 강렬한 인식을 갖게 된다. 그리고 그 제품은 고객에게 비교의 기준이 된다. 고객이 만약 다른 제품을 접하게 된다면, 예전에 만족했던 제품보다 만족감이 떨어질까 봐 두려워 쉽게 구매하지 않을 것이다.

2014년, 쿠팡에서 로켓배송 서비스를 시작했을 때 경험해보지 않은 사람들은 익일 도착에 대해서 그렇게 중요하게 생각하지 않았다. 과거 온라인 쇼핑에서 일주일 이상 걸리던 배송이 2~3일 정도로 줄어든 상황이었다. 그래서 하루 더 빠르게 도착한다는 것이 얼마나 삶의 질을 개선시킬 것인지에 대해 체감하기 어려웠다. 그러나 서비스를 이용해본 고객들은 로켓배송 때문에 쿠팡만을 이용할 정도다. 급하게 필요한 제품들이 다음 날 바로 도착하니, 자연스럽게 오프라인 매장을 이용할 필요가 없어졌다. 그리고 이러한 경험에 익숙해진 사람들은 다른 플랫폼에서 배송이 3일이나 걸렸을 경우, 강한 컴플레인을 하기도 했다. 최근에는 이러한 경험에서 비교 우위를 점하기 위해 '새벽배송'을 제공하는 서비스가 경쟁적으로 생겨나고 있다.

"우리는 파티의 호스트이고 고객은 파티에 초대된 손님이다. 고객 경험의 모든 중요한 부분을 조금씩 개선하는 것이 우리의 일이다."

아마존의 창업자 제프 베조스(Jeff Bezos)는 이렇게 말했다. 고객의 경험은 제품 품질에만 존재하는 것이 아니라 모든 서비스에도 포함이 된다. 고객에게 특별한 경험을 제공한다는 것은 긍정적 인식을 심어주게 되어 브랜드의 가치 상승이라는 결과를 불러온다.

우리 주변에서 쉽게 이용할 수 있는 스타벅스에서도 고객에게 특별한 경험을 제공한다. 자동차를 이용하는 고객들에게 '드라이브 스루' 서비스를 제공함으로써, 고객들이 주차를 하지 않아도 되거나 대기하는 시간을 줄일 수 있는 편의를 제공한다. 그리고 매장을 방문하기 전, 스마트폰 애플리케이션으로 원하는 음료를 미리 주문할 수 있는 '사이렌 오더' 서비스를 제공한다. 성격이 급한 한국 사람들을 위해 개발된 이 시스템은, 고객이 주문하기 위해 줄을 서서 기다리는 수고를 덜어줌으로써 상당한 호평을 받았다.

또한, 음료가 완성되면 진동벨로 호출하는 것이 아니라, 고객이 설정해둔 닉네임을 불러주는 점도 상당히 새롭다. 이 밖에도 현지화 메뉴, 다양한 굿즈와 프리퀀시 등으로 그들만의 독특한 경험을 고객들에게 제공하고 있다. 이렇게 스타벅스는 커피뿐만이 아니라 자신들만의 개선된 서비스를 제공해, 고객으로 하여금 특별하고 만족스러운 경험을 하게 만든다. 이러한 노력으로 인해 스타벅스는 브랜드 평가에서 절대적인 강자로 우뚝 서 있다.

고객의 경험은 공유된다. 고객은 제품이나 서비스에서 느낀 경험이나 감정들을 본인만 갖고 있으려고 하지 않는다. 지인들과의 대화나 자신의 SNS 계정을 통해 생생한 느낌을 담아 공유한다. 긍정적인 경험의 경우 87%만이 공유되는 반면, 부정적인 경험은 무려 95%나 공유된다고 한다. 이러한 경험의 공유는 사람들이 우리의 제품이나 서비스를 인식하는 것에 대해 상당한 영향을 미친다.

"이번에 새로 개봉한 영화는 완전 재미없더라. 너무 유치한 내용이야."

"저 식당은 김치찌개가 국물이 칼칼해서 진짜 맛있어!"

"이번에 새로 산 자동차가 벌써 고장이 났어. 다른 사람들도 비슷한 증상이 많나 봐."

우리도 주변 지인들로부터 제품이나 서비스에 대해 많은 경험을 공유받고 있다. 그리고 그 경험이 생생하거나 구체적일수록 우리는 제품을 구매하기 전에 이것을 떠올리게 된다. '보고 싶었던 영화였는데, 친구 말을 듣고 보니 진짜 재미없겠다', '안 그래도 한번 가보고 싶었던 식당이었는데, 오늘 가서 김치찌개부터 먼저 먹어보아야겠다'와 같이 지인의 경험은 우리의 구매 의사 결정에 상당한 영향을 미치게 된다.

온라인 쇼핑을 할 때도 마찬가지다. 상세페이지를 보고 마음에 들더라도, 반드시 제품의 리뷰를 확인한다. 그리고 리뷰에서 실제 제품에 대한 평가가 좋지 못하다거나, '배송이 너무 느렸어요', '판매자가 너무 불친절했어요'와 같이 서비스에 대한 질이 떨어진다고 느낄 경우, 구매를 망설이게 된다. 반대로 상세페이지의 내용은 긴가민가하지만, 리뷰 평이 대부분 좋다고 느껴지면 '일단 한번 써볼까?'라며 모험적인 구매를 시도하기도 한다.

온라인 판매자가 제품을 판매할 때, '고객의 경험'을 높이려면 어떠한 방법이 있을까? 먼저 가격 할인을 통해 판매량을 높여 고객의 경험을 높일 수 있다. 그러나 한번 할인하게 되면, 고객은 그 할인마저도 경험으로 인식하게 된다. 따라서 정상가격으로 복구시킬 경우, 고객은 판매자가 바가지를 씌운다며 외면할 확률이 높다.

다음은 샘플링을 통한 방법이다. 화장품과 같이 샘플로 가공된 제품들이 많다면, 고객에게 배송할 때 다른 제품도 써보라며 샘플을 함께 보낼 수 있다. 그러나 제품을 샘플 규격으로 가공하는 것은 추가적인 비용이 발생할 수도 있으며, 품목에 따라 불가능한 경우도 많기 때문에 샘플링은 매우 제한적인 방법이다.

마지막으로 다른 고객의 경험을 확산시키는 방법이다. 바이러스가 퍼지는 것처럼 입소문을 낸다고 해서 '바이럴 마케팅(Viral Marketing)'이라고 하기도 한다. 국제학술지 〈심리과학〉 저널에 따르면, '소비자는 평점이 낮더라도, 리뷰 수가 많은 상품을 더 선호한다'라고 밝혔다. 평점이 높은 30개의 리뷰가 있는 제품과 평점이 낮은 200개의 리뷰가 있는 제품 중 소비자들은 200개 리뷰가 있는 제품을 선택한다는 것이다. 또한, 닐슨 기관의 조사 자료에 따르면, 응답자 92%가 '자신이 아는 사람의 추천을 신뢰'한다고 한다.

이러한 이유로 많은 기업이 체험단 모집을 통해 '리뷰 콘텐츠'를 생성하고 제품의 경험을 확산시키고 있다. 내 제품에 맞는 체험자를 선정하는 데 많은 노력을 기울여야 하며, 단발성이 아니라 지속적으로 운영할 때 효과가 있다.

마케팅에서 고객의 경험은 매우 중요한 요소다. 광고의 문구나 종류는 수정이 가능하지만, 고객이 느낀 경험에 대해서는 우리가 수정할 수 없다. 나쁜 경험을 한 고객은 과거의 불행을 다시 겪고 싶어 하지 않으며, 주변인들에게도 직간접적으로 공유한다. 그래서 우리는 특별한 경험을 선사해 고객에게 좋은 인식을 남기고 퍼뜨리도록 해야 한다. 제품뿐만이 아니라 온라인에서 제공할 수 있는 모든 서비스에 대해 개선할 방법을 모색하는 것이 좋다. 제품과 서비스에 대해, 고객의 경험을 높일 수 있는 우리만의 방법에는 어떠한 것들이 있을까?

가격 할인의 늪을 조심하라

'프로모션'이라는 단어를 생각하면 '가격 할인'이라는 개념을 먼저 떠올리기 쉽다. '어버이날 기념', '설 명절 특집', '썸머 페스티벌' 등 다양한 수식어가 있지만, 대부분이 가격 할인이다. 어느 한 곳이라도 할인을 시작하면 순식간에 매출이 증대하다 보니, 경쟁사들은 위기감을 느끼고 고객을 빼앗기지 않기 위해 더 큰 할인행사를 진행한다. 우리는 돈을 벌기 위해 사업을 시작했지만, 돈에 집착하다 보니 너무나도 쉽게 '할인'이라는 카드를 꺼내든다.

가격 할인은 고객들에게 분명 매력적인 전략임에는 틀림이 없다. 단기적으로 많은 고객 유치와 함께 매출을 끌어올릴 수 있다. 그러나 시간이 지나며 고객들은 할인에 대한 만족감이 점점 무뎌지게 된다. 그리고 매출은 떨어지기 시작한다. 이런 상황에서 판매자는 가격을 다시 원래대로 되돌릴 수 있을까? 가격을 올리기보다 또 다른 할인행사를 준비할 것이다. 고객들에게 더 큰 자극을 주기 위해 경쟁사보다 낮은 금액을 설정할 것이고, '고객 감사 세일'이라며 자신의 할인을 정당화시킬 수 있는 이름을 찾기에 바쁠 것이다.

판매 가격을 10%, 20% 내리기는 쉽다. 그러나 이익률도 10%, 20% 수준으로 내려간다고 생각하면 큰 오산이다. 판매가를 내린다고 해서 제품원가나 배송비가 내려가는 것은 아니다. 수수료와 세금 등 모든 것을 따졌을 때, 각각 25%, 50% 이상 내려갈 위험이 있다. 많은 사람들이 이 부분을 생각하지 않고 10% 할인을 대수롭지 않게 생각하는 경향이 있다. 판매가격을 할인함으로써 매우 큰 손실이 일어날 수 있다는 것을 감안해야 한다.

대부분의 사람들은 할인 행사가 끝난 후, 정상가로 구매하는 것에 대해 죄책감을 느끼고 회피한다. 다른 사람들은 모두 행사기간에 저렴하게 구매한 것 같은데, 나만 정상가로 구매한다는 것이 주변 사람들에게 바보처럼 인식될까 봐 두렵다. 이는 할인율이 높으면 높을수록 정상가에 대한 반감이 커진다.

한번 할인을 시작하게 되면 경쟁사의 할인도 시작된다는 것을 알아야 한다. 우리가 할인으로 원하는 만큼의 매출을 달성하기도 전에 경쟁사에서는 우리보다 더 저렴한 가격으로 다가올 것이다. 이러한 경쟁은 또 다른 저가 판매자를 진입시키는 꼴이 되며, 시간당 10원, 100원 단위로 계속 가격이 낮아지는 현상을 불러일으킨다.

10원 단위의 할인이 지속되면 결국 한 푼도 남지 않는 제로섬 게임이 된다. 판매자 스스로 '이 제품은 망했어'라고 생각하며 판매 중단을 결심하게 된다. 그리고 재고를 처분하기 위해 더 큰 폭의 할인을 진행하며 결국 마이너스만 남기게 된다. 너무 극단적인 사례로 보일 수 있겠지만, 나 역시 의도하지 않게 이와 같은 과정을 겪은 적이 있었다.

결국, 가격 할인에만 집중하면 브랜드 가치를 스스로 망치게 되는 셈이다. 내가 아무리 '신제품을 런칭했으니, 기념으로 일주일만 할인행사를 해서 제품을 알려야지'라고 생각한들, 고객이 그 의도를 절대로 알 리가 없다. '런칭 행사'라는 단어도 할인을 꾸미기 위한 상술로만 받아들이게 된다. 그리고 이전에 구매했던 가격을 기억하기 때문에, 판매자가 가격을 올리게 되면 반발을 하고 다른 제품을 찾기 위해 떠나버린다. 그렇기 때문에 '오늘만 할인'과 같은 프로모션은 오늘만 팔겠다는 각오로 진행해야 한다.

실수도 대응에 따라 무기가 된다

마케팅을 진행하다 보면 의도치 않게 많은 실수가 발생할 수 있다. 기획 전반에 걸쳐 많은 것을 신경 쓰다 보니, 세세한 부분을 놓치게 되어 실수가 생기는 것은 흔한 일이다. 그렇게 실수로 인해 온라인 노출 순위가 하락하거나, 고객의 클레임이 발생할 수도 있다. 그리고 재고 수량을 미리 인지하지 못해 품절이 발생할 수도 있다.

사업 초창기일수록 많은 실수를 경험하게 된다. 아내와 나 역시도 상당히 많은 실수를 겪었으며, 잦은 실수로 인해 온라인 사업 자체를 그만두고 싶었던 적이 많았다. 하지만 사업의 성공은 단순히 높은 매출보다 '지속해서 이끌어나가는 것'이라 생각했다. 그래서 포기하는 대신 발생한 실수를 하나하나 대응하며 버텼다. 그리고 대응하는 과정에서 '실수도 무기가 될 수 있다'라는 점을 깨닫기도 했다.

품절과 관련한 경험 사례가 있다. 아내의 스토어에서 판매하는 OEM 제작 건강기능식품은 하루 10개 판매를 목표로 기획된 제품이었다. 그리고 다행스럽게도 하루 평균 10개 수준으로 판매가 유지되었기에, 큰 신경을 쓰지 않았고 재생산 시점도 하루 10개 기준으로 소진되는 일수에 맞추면 된다고 생각했다.

그러나 그것은 나의 큰 착각이었다. 5월 가정의 달에 판매량이 급작스럽게 증가했고, 서둘러 공장에 재생산 요청을 했지만 때는 늦었다. 아무리 공장에 사정사정해서 납기일을 당기더라도, 품절이 최소 열흘은 발생하게 될 것 같았다. 너무나 절망적인 순간이었다. 제품 출시 후 겨우 검색 결과 상단에 자리를 잡았는데, 품절로 인해 순위가 바닥으로 향할 것만 같은 두려움이 생겼다. 초기 제작 수량을 모두 완판한다는 것은 다행스러운 일이지만, 작은 실수 하나로 상당한 대가를 치르게 될 것만 같았다. 품절이 열흘이면 네이버 지수가 엄청나게 하락하리라는 것을 직감적으로 느끼고 있었다. 그렇게 품절이 발생하는 시간은 점점 빠르게 다가왔다.

품절이 시작되기 하루 전, 고민 끝에 한 가지 방법을 생각해냈다. 상세페이지 상단 부분을 뜯어고쳤다. '고객님들의 성원에, 준비한 1차 물량이 모두 완판되었습니다!'라고 시작한 후, '2차 물량의 입고일은 열흘 후인 ○월○일입니다. 지금 예약 구매를 해두시면, 공장에서 갓 생산한 따끈따끈한 최신 제품으로 받으실 수 있습니다. 예약해주신 고객님들에게 추가 혜택을 드리고자, 입고일 6~10일 전 예약은 2,000원 할인! 1~5일 전 예약은 1,000원 할인이 자동으로 적용됩니다. 모든 주문은 입고 당일 바로 출고됩니다!'라고 적었다.

결국 품절은 발생했으나, 이 방법으로 인해 큰 위기를 넘기게 되었다. 가정의 달 특수로 유입이 엄청나게 늘어난 상황에서, 고객들은 가장 최신 제품을 할인가격으로 구매하기 위해 예약 주문을 하기 시작했다. 대기기간이 열흘이나 남았음에도, 주문량이 유지되는 것이 너무나 고맙고 다행스러웠다. 지금 생각해보면 '완판되었습니다'라는 말이 편승효과를 불러와 '사람들이 많이 샀기 때문에 나도 사볼까?'라는 심리를 일으킨 것 같기도 하다. 결과적으로 품절 기간 동안, 검색 결과 상단자리와 네이버 지수를 지키는 것을 넘어, 더 높은 매출을 기록하게 되었다.

이 밖에도 택배 발송 시, 제품 수량을 누락시키고 발송한 적도 많다. 누락된 제품을 받은 고객은 당연히 화를 냈고, 아내와 나는 죄송하다고 사과를 드리며 누락분을 다시 보내드리겠다고 했다. 바보 같은 실수로 택배비용이 추가되어 가슴이 너무 아팠다. 제품을 포장하기 전에, 아내는 예쁜 편지지를 준비해서 고객에게 보낼 편지를 적었다. 실수에 대한 사과가 담긴 편지를 택배박스에 함께 담아 보내니, 화를 냈던 고객으로부터 '큰 실수도 아닌데, 이렇게까지 대응해주시니 너무 감사합니다. 그리고 직접 글씨를 쓴 손 편지를 보는 것도 너무 오랜만이라 감동했습니다. 고맙습니다'라는 내용의 문자메시지를 받았다. 그리고 제품 리뷰에 손 글씨 편지의 사진을 올리며, '작은 실수가 발생했지만, 적극적으로 대응해준 판매자가 고마웠다'라고 작성해주셨다.

사소한 실수는 누구나 한다. 그리고 어떻게 대응하냐에 따라 얼마든지 성장의 발판으로 삼을 수 있다. 시작한 지 얼마 되지 않은 일에서, 실수가 발생하는 것은 당연한 일이다. 새로운 기술을 접목한 자동차는 초기에 고장이 자주 발생할 수 있다. 그리고 리콜이나 연식 변경과 같은 노력을 통해 점차 안정을 찾아가며, 시장에서 독보적인 존재로 자리를 잡게 된다.

마케팅도 그러하다. 내 머릿속의 가설과 행동계획이 시장에 나갔을 때, 엄청나게 다양한 변수를 맞이하게 된다. '아, 이게 아니었구나' 하고 포기하면 실패지만, '여기가 문제였구나!' 하면 검증이다. 마케팅은 수많은 가설과 검증의 반복이다. 그러니 실수가 발생하더라도 꾸준히 개선 방향을 찾아가야 한다.

'시작하는 것은 소질, 계속하는 것은 재능'이라는 말을 나는 가슴 깊이 새기며 살고 있다. 이미 온라인 마케팅을 시작하신 분들, 그리고 시작을 위해 이 책을 펼치신 분들은 모두 소질이 있는 분들이다. 짧은 경력이지만 내가 직접 겪었던 사례와 생각들이, 여러분들이 마케팅을 지속하고 재능을 꽃피워나가는 데 조금이라도 도움이 되었으면 하는 바람으로 이 책을 마친다.

잘 사게 만드는 7가지 마케팅 기술

제1판 1쇄 2022년 10월 27일
제1판 2쇄 2023년   9월 21일

지은이   박진환
펴낸이   최경선   **펴낸곳**   매경출판(주)
기획제작   (주)두드림미디어
책임편집   최윤경, 배성분   **디자인**   얼앤똘비악earl_tolbiac@naver.com
마케팅   한동우, 장하라

매경출판㈜
등록   2003년 4월 24일(No. 2-3759)
주소   (04557) 서울시 중구 충무로 2(필동1가) 매일경제 별관 2층 매경출판㈜
홈페이지   www.mkbook.co.kr
전화   02)333-3577
이메일   dodreamedia@naver.com(원고 투고 및 출판 관련 문의)
인쇄·제본   ㈜M-print   031)8071-0961
ISBN   979-11-6484-465-4 (03320)